Reyes García / Ana Mª Écija

LEYENDAS DE MADRID

MENTIDERO DE LA VILLA

6

Madrid de Bolsillo

EDICIONES LA LIBRERÍA

1ª Edición 1994
2ª Edición 1995

© 1995, Reyes García y Ana Écija.
© 1995, Ediciones La Librería.
    C/ Santiago, 12
    28013 MADRID
    Telf.: 541 71 70

Portada: Joaquín González
Composoción: Ediciones La Librería
Impresión: Gráficas Rogar
Encuadernación: Toarsa
I.S.B.N.: 84-87290-67-1
Depósito Legal: M. 32.231-1995

Impreso en España/*Printed in Spain*

ÍNDICE

PRÓLOGO 9

PERSONAJES DE LEYENDA

Un bandido convertido en leyenda 13

    De Candelas a Álvarez de Cobos 14

    El reloj de oro 15

    Camino de Ceuta 16

    Un bobo convertido en obispo 18

    Salustiano Olózaga 19

    El gran amor de Candelas 21

    El final de una leyenda 23

El caballero virtuoso y licencioso 25

    Una vida ejemplar 25

    Nuestra Señora de Madrid 26

    Una vida libertina 27

    Una advertencia de otro mundo 29

    Unos claveles para la reina 30

La musa de Goya 33

    La duquesita y el seminarista 33

    Unas monedas para un pobre ciego 35

    La reina María Luisa y la duquesa 36

¿De qué murió la duquesa? 41

El ingenioso don Juan 43

Un asesinato en la calle Mayor 44

¿Quién mató al conde? 46

La lucha por la privanza 48

El conde poeta 49

Mis amores reales 51

La gloria de Niquea 52

Una tonadillera de vida alegre 57

El éxito rápido 58

"Usted quiere...¡caramba!, ¡caramba!" 58

Modas a la caramba 60

Toros y toreros 60

Un matrimonio secreto 62

El abandono de los escenarios 64

AMORES DE LEYENDA

La dama de la rosa blanca 71

La leyenda del soldado 75

Cadalso y la Divina 79

LEYENDAS REGIAS

La lucha por el trono 85

La torrecilla del Leal 85

Un candil para don Enrique 86

La Esperancilla 89

El rey galante 91

Las monjas endemoniadas 92

Un reloj que toca a difuntos 93

El retrato del rey 96

La Calderona 97

El balcón de la Marizápalos 98

En tiempos de Isabel II 99

    "Santaella de Isabel" 99

    La monja de las llagas 100

Los amores del rey intruso 103

SANTAS LEYENDAS

La Virgen de la muralla 109

Lamentos en Santo Domingo 113

La patrona de la Corte 117

San Antonio, el guindero 121

Los cómicos ya tienen patrona 123

CASAS DE LEYENDA

La dama de la casa de las siete chimeneas 131

La casa de los duendes 133

La casa del milagro o de la cruz de palo 137

La casa del pastor 141

LUGARES LEGENDARIOS

La plaza Mayor 145

    Isidro ya es Santo 146

    La majestuosa pompa de los autos de fe 147

    Los milagros de Nuestra Señora de la Soledad 149

    Toros y cañas en la Plaza Mayor 152

    "Don Rodrigo en la horca" 153

El Rastro 165

    Las parrillas de San Lorenzo 166

    La calle de la Cabeza 167

Las calles con leyenda 169

    La calle del Azotado 169

    La plaza del Cordón 170

    La calle del Bonetillo 171

La calle de Abada 173

Calle del Acuerdo 174

Calle de Válgame Dios 176

Calle Divino Pastor 177

Calle del Lazo 179

BIBLIOGRAFÍA 183

PRÓLOGO

El Mentidero de la Villa, centro de rumores, historias y leyendas, nos ha legado parte de sus recuerdos en la memoria popular. Historias increíbles que parecen leyendas, cuentos de fantásticos oradores adornando trágicos sucesos, leyendas que nacen para explicar lo inexplicable, tradiciones religiosas que construyen la fe, verdades aderezadas de misterio y hechos sobrenaturales. Todo entra a formar parte de la leyenda de la ciudad que se crea en el alma del pueblo paralelamente a los sucesos que consignan cronistas e historiadores.

En el Medievo, serán las más piadosas historias las que afianzarán las creencias del pueblo frente al reciente pasado islámico. La Modernidad nos traerá la corte a Madrid y así las historias populares se poblarán de reyes enamorados, de envidias políticas y enfrentamientos de poder. En los últimos siglos, de la mano del Romanticismo, nos llegan las más bellas leyendas de amor y muerte, dejando su rastro trágico y apasionado.

Sin embargo, todas las épocas tienen luchas por el poder, apariciones asombrosas, amores más allá de la muerte o espectros que enamoran. De todo ello, hemos intentado dar un reflejo en este libro, eligiendo algunos de los personajes más carismáticos, cuyas vidas han estado empapadas de hechos legendarios y rodeadas de rivalidades cortesanas, aventuras libertinas, conspiraciones nobiliarias, lances temerarios o advertencias sobrenaturales.

Aventuras, engaños y amoríos introducen a los reyes en la historia popular. Duendes, damas embaucadoras y fantasmas habitan las casas de la Villa.

Y, cómo no, aquellos lugares de la ciudad que han vivido todas estas leyendas. Testigos mudos de fiestas trágicas, asesinatos inexplicables, apariciones fantasmales y milagros que premian la fe y que, aún hoy, siguen recordándonos con sus nombres estas fantásticas y populares historias de todos los tiempos.

PERSONAJES DE LEYENDA

UN BANDIDO CONVERTIDO EN LEYENDA

—"Anda, hija, quita la radio, que sólo nos cuentan desgracias. ¿Has oído lo del robo al banco? ¡Dónde vamos a llegar!".

—"No me dirás, abuela; que no ocurrían cosas así en tu época".

—"Bueno, sí ...pero no tantas".

—"Ya, ya ¿y los bandidos como Luis Candelas?".

—"¡Ay, hija, no soy tan vieja!...Pero tienes razón, mi abuela me contaba miles de historias que había oído sobre Luis Candelas. Un bandido inteligente que nunca llegó al asesinato, aunque cometió numerosos robos".

—"¿Conoció tu abuela a Luis Candelas?".

—"¡Huy!, ella no, pero puede que su madre.... además, se hablaba tanto sobre él que era como conocerle; por todos lados aparecían coplas y noticias que trataban de sus robos, sus engaños y sus amoríos. Hasta el 37, te hablo de 1837, año en el que fue ejecutado, no hubo robo que no le adjudicaran, tantos que, en un mismo día y a una misma hora, se denunciaban a la vez robos cometidos por el propio Luis Candelas en varios puntos de Madrid. La policía se desesperaba y en los últimos años el superintendente, el marqués de Viluma, desplegó todas sus fuerzas para apresarle, aunque el bandido conseguía siempre zafarse y reírse de sus perseguidores".

—"¿Y cómo lo conseguía? ¿No le cogieron nunca?".

—"Bueno, vayamos por partes. Con escasamente veinte años fue apresado y llevado al Saladero, la cárcel, por un robo que cometió junto con sus amigos, que luego formaron parte de su banda, Paco el Sastre y Antonio Cusó, contra unas propiedades de un tal Azurmendi. De allí escaparon con la ayuda de un personaje influyente, que se relacionaba con aquel mundo de los bajos fondos para conseguir ingresos substanciosos. A su salida Luis Candelas decidió cambiar su forma de vida".

De Candelas a Álvarez de Cobos

"Era un hombre inteligente, al que sus padres habían intentado educar y formar, al igual que a sus hermanos, con sus modestos medios. Había estudiado en el colegio de San Isidro e incluso llegó a trabajar en un oficio honrado como agente del fisco en distintas ciudades marítimas, pero su espíritu aventurero no pudo soportar la monotonía del trabajo de consumero y volvió a Madrid, cesando en aquel oficio. Sin embargo, con su vuelta, se reencontró con sus viejos amigos, aquellos golfillos de Lavapiés que se habían convertido en expertos en el manejo de la chaira y amantes del dinero fácil".

"Pero, como ya te conté, sus primeros intentos terminaron mal y, en vez de enmendarse, se convirtió en un artista del bandidaje. Su inteligencia y astucia le llevaron a crear el mito de un bandolero que, por el día, se transformaba en un honrado caballero y, por las noches, en Luis Candelas, el del atuendo de majo con fajín rojo y patillas de boca de hacha".

—"¡Ah, era dos personas!".

—"Dos, tres o mil. Sin duda su mejor disfraz era el del rico hacendado peruano, don Luis Álvarez de Cobos. Hombre elegante y buen mozo que visitaba todos los lugares donde podía tratar con gente importante: bailes, ópera, cafés y toros. En seguida fue aceptado entre la alta sociedad pues tenía un noble porte, era simpático, cortés y derrochaba sin ningún comedimiento, agasajando a las damas con regalos y zalamerías".

"Llegó, incluso, a introducirse en una logia masónica, la de los Escoceses, cuyos miembros le llegaron a ayudar en ciertos momentos críticos. Nadie conocía la verdadera personalidad del hacendado y así, cuando volvía a su casa en la calle Tudescos, llevaba consigo informaciones valiosas para que el bandido que salía todas las noches por la puerta trasera, de esta misma casa, pudiera cometer los robos más singulares".

El reloj de oro

"En una ocasión, estando en una reunión de café con unos distinguidos caballeros, le sustrajo con disimulo un reloj de plata al señor Alcántara Villalcico. Luego, sabiendo que en su casa guardaba uno muy costoso de oro, se disfrazó de mozo y fue hasta allí. La esposa del caballero, Oidor de la Real Audiencia, le abrió y le atendió. Luis Candelas le enseñó el reloj de plata de su marido y le dijo que le mandaba él con el recado de que le diera el reloj de oro, ya que el que llevaba se le había estropeado y le era imprescindible. La mujer se lo entregó y, cuando fue a guardarse el de plata, el bandido le sugirió llevarlo a un relojero de confianza para arreglárselo. La esposa, confiada, se lo agradeció y le tendió también el otro. La burla fue muy comentada por todo Madrid y nadie se explicó cómo había conseguido Luis Candelas aquel otro reloj".

—"¿ No consiguieron descubrir su otra personalidad?".

—"La diferencia era muy grande y, de hecho, imaginarse que el personaje que frecuentaba las tabernas peor afamadas de todo Madrid era la misma persona que aquel caballero elegante resultaba casi imposible. Sin embargo, una vez casi llegó a descubrirse".

Camino de Ceuta

"Imagínate, en la taberna del Cuclillo, reunido con su banda Luis Candelas proyecta el plan a seguir esa noche. Se disponen a llevar a cabo su cometido, pero algo sale mal y el bandido vuelve a la cárcel a los veintitrés años. La condena, de catorce años, ha de cumplirla en Ceuta a donde le llevan junto a otros delincuentes en cuerda de presos".

"La tropa de presidio pasa por varias localidades, ante la desesperación de Luis Candelas que, al mismo tiempo que se aleja de Madrid, ve menos posibilidades de escapar de la condena impuesta por la Audiencia de la Villa y Corte. Llega la noche cuando entran en Camperos, los guardias deciden quedarse allí para proseguir el camino a la mañana siguiente y acomodan un pajar para los presos".

"El bandolero madrileño recuerda en esa noche los esfuerzos de su padre para que aprendiera el oficio familiar, sentado frente a la madera, el buril y la serreta; los lloros de su madre cuando, preocupada ante su tardanza, le abre la puerta y le pregunta por las heridas que trae; la sonrisa de su esposa, Manuela Sánchez, al decir el "sí" ante el altar de San Cayetano; los sueños de viajes a ultramar en la Coruña, pero, cuando parece que la añoranza y el desconsuelo van a poder con su espíritu luchador y combativo, repara en el candil que alumbra la estancia y en los despistados guardias que intentan vencer el sueño. Rápidamente vuelca con un extraño movimiento el candil y la paja amontonada prende con un ruido estremecedor mezclado con los gritos de presos y guardias. Aprovechando el revuelo y antes de que los guardias puedan hacer nada, corre atravesando el campo durante horas, cae en tierra extenuado, aunque sonríe ante la libertad conquistada".

"Mientras tanto, en Madrid, sus distinguidos amigos comentan la desaparición súbita de don Luis Álvarez de Cobos. Nadie lo ha visto en los últimos días, algunos temen por su salud y otros piensan que sus propiedades y negocios en Perú, a lo mejor, le han requerido. Sólo su banda sabe de su paradero y, reunidos en la taberna, intentan olvidar con vino su mala suerte".

—"Pero ¿no volvió a Madrid?".

—"Sí, claro. Después de aquella noche agotadora caminó hasta encontrar una pequeña granja. Se valió de una estratagema para hacer acudir al médico del pueblo hasta allí y antes de llegar le robó haciéndole creer que estaba armado".

—"¿Pero cómo llamó al médico?".

—"Escondido entre unos arbustos había visto en aquella granja a una mujer embarazada a la que llamaba Rosa una joven que la acompañaba. Recordando el nombre, llamó a un chiquillo que jugaba en las proximidades y le dijo que corriera hacia la casa del físico, que la Rosa estaba dando a luz y le necesitaban. De ese modo sorprendió al médico en el camino, tomó el dinero que llevaba encima y su caballo y en San Martín de Valdeiglesias cogió la primera diligencia que iba hacia Madrid".

"Mariano Balseiro, Antonio Cusó, Paco el Sastre, Blas y el Cuclillo no podían creerlo cuando le vieron entrar en la taberna. Su jefe volvía y ahora, con la recuperada libertad y más cauteloso que nunca, proyectaba nuevos golpes".

Un bobo convertido en obispo

"Fue entonces cuando cometió aquel célebre robo en una casa de objetos religiosos. Una mañana, bajando de un coche de caballos que llevaba el escudo episcopal pintado en la portezuela, aparecieron el obispo y su secretario frente a una tienda en la que se vendían todo tipo de motivos sagrados. El obispo no era otro que un bobo al que los compinches de Candelas habían disfrazado y ordenado mantenerse callado y el secretario de su Ilustrísima era Candelas mismo que, dirigiéndose al vendedor, le rogó que le sacara ciertos artículos de culto muy valiosos. El obispo, con su callada actitud infundía un gran respeto, lo que permitía al bandido tratar con el vendedor sin que hubiera ninguna sospecha".

"Llegada la hora de pagar, Luis Candelas le informó, apesadumbrado, que no llevaba dinero encima y le propuso una solución. Él iría en el coche con los objetos comprados hasta la casa donde se alojaba el obispo para traerle el dinero y mientras el religioso se quedaría en la tienda hasta su llegada. El vendedor aceptó sin rechistar y, después de ofrecer al supuesto obispo una silla en la que descansar, atendió a los demás clientes. Pasó la mañana y llegó la hora de cerrar el comercio. Por el respeto que le infundía el señor obispo no se atrevía a importunarle pero, finalmente, se dirigió a él, comprobando que, en su mutismo, se había quedado dormido y le inquirió sobre lo que sucedía. El caso se aclaró en seguida, pero ya era tarde para echar el guante a los estafadores".

Salustiano Olózaga

"Otros robos se sucedían, incrementándose su fama; el que cometió en la casa del sacerdote don Juan Bautista Tárrega, el de la calle del Carmen a la modista de la reina, doña Vicenta Mormín, el de la espartería en la calle Segovia, el secuestro en Arroyo del Torero y otros muchos".

—"Estarían más que desesperados los policías".

—"¡Y tanto! Pero no te creas, volvieron a dar con él y volvió a escaparse".

—"¡Qué bárbaro! ¡Menuda cárcel más segura!".

—"No sólo era la cárcel, eran sobre todo los sobornos, que lo podían todo, y las intrigas políticas".

—"¡Ah! ¿Estaba metido en política?".

—"No se sabe a ciencia cierta pero ocurrió algo curioso que desató miles de rumores. Coincidieron en la misma cárcel Salustiano Olózaga, político liberal al que se le había acusado de estar complicado en la conspiración de Miyar, y Luis Candelas. Unos sospechaban que la coincidencia no era casual y que, compañeros ideológicos, se habían visto en varias ocasiones en la sociedad patriótica de la Fontana de Oro, por lo que el bandido se había hecho detener para ayudar a Olózaga, aunque, la mayoría, no se atrevió a sugerir tal conjetura".

"Lo que sí fue cierto, es que desde el exterior se estaba urdiendo un plan de evasión. Mª Alicia, la amante del político, conocía al bandido y se había puesto en contacto con su banda, a la vez que compraba el silencio y la ayuda de los celadores para hacerle pasar las consignas de la fuga".

"Una mañana, Madrid se despertó con la sorprendente noticia. Salustiano Olózaga había conseguido escapar, alguien había abierto todas las puertas que le conducían a la calle y ante la aparición de dos despistados guardias el político gritó amenazante, mientras arrojaba una bolsa llena de monedas, "¡Onzas y muerte reparto!". Ni que decir tiene que los guardias optaron por las onzas y Olózaga tomó el camino del exilio a Francia".

—"¿Y Candelas?".

—"Como ya te he dicho parece que la ayuda de Luis Candelas para la huida del jefe político fue crucial pero no convenía a la causa política mezclar al bandolero con la evasión, al menos públicamente, por lo que Candelas esperó unos días más para salir de aquella cárcel".

—"¿Así?, tan tranquilo".

—"Pues sí, así tan tranquilo. Tenía amigos fuera y dentro y con un poco de talento parece que todo se podía conseguir".

El gran amor de Candelas

—"¿Y cómo fue que dieron finalmente con él?".

—"Pues de una forma casual y bastante inesperada porque, aunque trabajaba con esmero y prudencia, llegando incluso a no actuar en largas temporadas por temor al acoso policial que sufría la ciudad, llegó a ser demasiado conocido y en Valladolid le apresaron cuando volvía de Gijón".

—"¿En Valladolid? ¿Y a qué fue allí?".

—"Tuvo que ver con sus amoríos, no te he comentado nada sobre ello pero, ya sabes que fue todo un galán y sus conquistas pertenecían, en muchos casos, a la alta sociedad. Mantuvo un romance muy comentado con Mª Alicia, una mujer progresista y extravagante que luego fue amante del político Olózaga. Con Lola la Naranjera, que era amante del rey Fernando VII y de otros nobles y con otras que le proporcionaron numerosas informaciones útiles para sus engaños. Pero el más famoso fue el que estableció con Clara, hija de un importante funcionario. Era una joven de dieciocho años y de inocente aspecto, con quien formalizó el noviazgo. Tan enamorado estaba de Clara que la acompañó a Valencia cuando la familia de ella tuvo que trasladarse a la ciudad marítima".

"A pesar de ello, Luis Candelas no perdía oportunidad para planear robos espectaculares y en Valencia se hizo con una bella perla de la manera siguiente. Se presentó don Luis Álvarez de Cobos a una prestigiosa joyería de la ciudad buscando una joya especial para regalar a su joven prometida. El vendedor le enseñó todo tipo de piedras preciosas pero todas le parecían mal a nuestro caballero, hasta que le mostró una impresionante perla que era la joya más preciada del local. Don Luis la admiró y en un descuido del vendedor la cogió y la pegó con ayuda de resina debajo del mostrador. Al momento se dan cuenta de su desaparición y, alentados por don Luis, todos los clientes que se encuentran en el local, incluido él, son registrados sin que puedan encontrarla".

"El joyero presenta una denuncia acusándole, pero por falta de pruebas·la denuncia no prospera. Cobos, indignado, vuelve a la joyería a pedir explicaciones y el joyero, impotente, le pide disculpas. El hacendado recoge, con disimulo, la joya que aún se mantiene pegada y, orgulloso, se despide del joyero para siempre".

"Vuelven los enamorados a Madrid con el cambio de destino del padre de Clara y es entonces, cuando Candelas le confiesa su verdadera personalidad. Ambos toman la decisión de comenzar una nueva vida en otro país. Una mañana escapan hacia Inglaterra pero, en Gijón, Clara se da cuenta del disgusto que está causando a su familia. La añoranza puede más que su amor hacia Candelas. Está triste y antes de partir, el bandolero, desengañado, decide que lo mejor es volver a Madrid. No puede cambiar su destino".

El final de una leyenda

"El camino de vuelta lo harán separados pues hay mucha vigilancia por los disturbios políticos y no quieren infundir sospechas. Luis Candelas llega a Valladolid en la noche del diecisiete de julio, se hospeda en una posada y cuando, a la mañana siguiente, decide proseguir su camino un joven sargento de la Milicia Nacional le da el alto y, reconociéndole, le apresa".

"Escoltado, es conducido a Madrid donde le espera una sentencia que le condena a muerte en el patíbulo. Todavía entrevé el bandolero un resquicio de esperanza y escribe a la regente Mª Cristina una carta solicitándole clemencia".

—"Espera un poco, creo que por aquí anda un libro...Sí; mira, esta es la carta que le envió, léela en alto, que yo la oiga".

"A María Cristina, Reina Gobernadora.

Señora:

Luis Candelas Cagigal, condenado por ladrón a la pena capital por la Audiencia Territorial, a vuestra Majestad, desde la Capilla, acude reverentemente. Señora: No intentará contristar a Vuestra Majestad con la historia de sus errores ni la descripción de su angustioso estado. Próximo a morir, sólo implora la clemencia de vuestra Majestad, a nombre de su augusta hija, a quien ha prestado servicios y por quien sacrificaría gustoso una vida que la inflexibilidad de la ley cree debida a la vindicta pública u a la expiación de sus errores. El que expone es, Señora, acaso el primero en su clase que no acude a Vuestra Majestad con las manos ensangrentadas; su fatalidad le condujo a robar, pero no ha muerto, herido ni maltratado a nadie; el hijo no ha quedado huérfano ni viuda la esposa por su culpa. ¿Y es posible, Señora, que haya de sufrir la misma pena que los que perpetran estos crímenes? Ha combatido, Señora, por la causa de vuestra hija. ¿Y no le merecerá una mirada de consuelo? ¡Ah! Señora, esa grandiosa prerrogativa de ser árbitra en este momento de su vida, empleadla con el que ruega, próximo a morir. Si los servicios que prestaría, si Vuestra Majestad se dignase perdonarle, son de algún peso, creed, Señora, que no los escaseará.

Si esta exposición llega a vuestras manos, ¿será posible que no alcance gracia de quien tantas ha dispensado?.

A vuestra Majestad, Señora, con el ansia del que sabe la hora a que ha de morir, ruega encarecidamente le indulte de la última pena para pedir a Dios vea Vuestra Majestad tranquilamente asentada a su augusta hija sobre el trono de sus mayores.

Capilla de la Cárcel de la Corte, a 4 de noviembre de 1837, a las doce de la mañana".

—"Ya ves qué terrible. El indulto no llegó y el seis de noviembre de 1837, el mismo año en que otro romántico, Mariano José de Larra, puso fin a su vida, Luis Candelas, con sólo treinta y un años, murió ajusticiado en el patíbulo levantado en la Puerta de Toledo".

EL CABALLERO VIRTUOSO Y LICENCIOSO

En el Oratorio del Caballero de Gracia, sobre una repisa, se encuentra el sepulcro del hombre que da nombre al templo, Jacobo de Grattis, que fue trasladado a este lugar —según reza la inscripción— el día 16 de septiembre de 1836, desde la Iglesia de las Religiosas del Caballero de Gracia. Sobre su tumba, el famoso retrato nos contempla.

Una vida ejemplar

Jacobo de Grattis, caballero de Módena, vino a España como representante de la corte pontificia de Gregorio XIII en el último tercio del siglo XVI, cuando reinaba en España Felipe II. Como jefe del personal de dicha Legación tuvo contacto con gran parte de la aristocracia de la Corte, que le estimaba por su sensatez y prudencia. Desempeñó su cargo con ostentación abriendo su casa a convites y fiestas tal como correspondía a un caballero de su posición. Sin embargo, sus biógrafos nos cuentan que esta vida lujosa no correspondía a su carácter y decidió cesar de sus funciones diplomáticas, establecerse en Madrid y dedicar el resto de sus días a la caridad y al sacerdocio.

Entre otras obras pías fue partícipe y promotor de la fundación del convento de Carmelitas Calzados, que se estableció en una de las calles inmediatas a la Puerta del Sol. Algunos autores le conceden un especial protagonismo dentro de la leyenda que circula alrededor del establecimiento de la nueva orden en la Villa.

Nuestra Señora de Madrid

En las calles adyacentes a la Puerta del Sol, se acumulaban, por aquel entonces, burdeles y mancebías públicas. Destacaba, entre todos ellos uno por el reclamo utilizado, que no era otro que una imagen, colocada en una ventana, de una Virgen cuyas manos y cabeza eran movidas desde el interior por medio de un artilugio.

Una noche, una pareja de la Cofradía de las Ánimas, a la que pertenecía don Jacobo, que pedía limosna para sufragar los gastos de los fallecidos en los hospitales, presenció el reclamo y, escandalizada por la herejía, se lo comunicó al Caballero de Gracia que denunció el caso al Santo Oficio. La justicia actuó, el burdel fue cerrado y los que dirigían el local apresados. La imagen, con la advocación de Nuestra Señora de Madrid, fue llevada al Hospital General.

Grattis recibía, en aquel tiempo, a unos carmelitas calzados que, con la licencia que les permitía fundar un nuevo convento de su orden, buscaban el beneplácito real. Nuestro Caballero empleó toda su influencia para que se levantara en el solar de aquel burdel escandaloso el templo dedicado a la Virgen del Carmen para desagraviar su imagen. Primero, ante la resistencia del Consejo, levantó un pequeño oratorio de madera. Más tarde, con la colaboración del municipio, algunos personajes de la Corte y otras aportaciones como la del obispo de Popayán y Trujillo, se levantaron un sólido convento y una iglesia.

En la actualidad, el convento ha desaparecido y en su lugar se encuentran unas salas de cine. La iglesia, que está entre las calles del Carmen y de la Salud, tiene la categoría de parroquia.

Una vida libertina

De todas estas acciones piadosas poco cuenta su leyenda, que le convierte en un verdadero don Juan, conquistador y arrogante. La letrilla de la zarzuela "La Gran Vía", de Federico Chueca nos recuerda esta otra imagen.

> "Caballero de Gracia me llaman
> y efectivamente soy así,
> pues sabido es que a mí me conoce
> por mis amoríos todo Madrid".

Cuenta la leyenda negra que era don Jacobo de Grattis un hombre seductor, que conseguía su objetivo en cuantas aventuras amorosas se le presentaban. Era un hombre perseverante y no aceptaba fácilmente una negativa por respuesta.

Una noche cortejando a una de las nietas de don Juan de la Victoria Bracamonte, un hombre adinerado y de prestigio, se vio sorprendido por la presencia de dos individuos, que, embozados y cubiertos con amplios sombreros, le salieron al paso. La calle estaba desierta y en aquel terreno sólo se encontraban las casas de las Victorias, nombre por el que se conocía a las herederas de don Juan, por ello temiendo que algún otro galán intentara arruinar sus pretensiones sacó su espada y se enfrentó a ellos.

Aunque su fama como espadachín era inmejorable, no pudo hacer frente a la rápida respuesta de sus supuestos competidores y, malherido, se rindió mientras caía al suelo. Sin embargo antes de desaparecer los oscuros contrincantes le gritaron: "Avergonzaos Caballero, os han vencido las Victorias". Impresionado, don Jacobo intentó olvidar el percance y, con él, sus intenciones. Pero del hecho quedó constancia en el nombre de la calle que, aunque ahora se llama de Valverde, fue conocida como la calle de las Victorias.

En otra ocasión rondaba el Caballero a una dama que vivía en la que luego se llamó calle del Desengaño. Sospechaba nuestro personaje que el príncipe Vespasiano de Gonzaga quería obtener, así mismo, los favores de la dama y, en un arranque de celos, le retó, provocándole en la misma calle. No había comenzado la refriega cuando vieron una sombra femenina que corría perseguida de un siniestro zorro. Tras la primera sorpresa, los dos caballeros corrieron detrás de la aparición hasta llegar a una tapia donde pudieron distinguir claramente el rostro. ¡ La figura era una momia!. Se dice que Jacobo de Grattis exclamó: "¡Qué desengaño!" y siguió su camino, mostrando una frialdad y entereza que impactó a su rival. También se comentaba que aquella escena ya había sido presenciada por otros caballeros y que se trataba, simplemente, de una ficción creada para ahuyentar a los desconocidos del lugar. En la zona se encontraba una casa del conde Vicanguerra, donde se reunían los conspiradores que apoyaban al príncipe don Carlos, hijo de Felipe II y que dirigía don Íñigo López de Mendoza.

Una advertencia de otro mundo

Jacobo de Grattis, sin embargo, es recordado por la historia que le empujó a entrar en el sacerdocio. En la calle que actualmente se denomina del Caballero de Gracia, vivía Leonor Garcés, esposa de un infanzón aragonés, una mujer hermosa que, fiel a su marido, despreciaba todo tipo de provocaciones y lisonjerías. Don Jacobo se enamoró perdidamente de ella, sin embargo, sus galanterías no le abrieron en ningún momento las puertas ni de su casa ni de su corazón. El Caballero, entonces, urdió un abyecto plan. Sabiendo que su esposo había de marchar durante una larga temporada, como era habitual, convenció a una doncella con una buena suma de dinero, para que suministrara a doña Leonor un narcótico, de modo que no pudiera ofrecer resistencia y, a una hora convenida, la doncella, le ayudara a entrar en el aposento.

Llegó la noche que tanto esperaba, pero cuando fue a franquear la puerta escuchó una voz que le infundió un gran terror avisándole de lo innoble de su acción. Paralizado se arrepintió y se tornó su espíritu; a los pocos meses cambió sus elegantes trajes por el hábito y cedió su casa para un convento de las Concepcionistas Descalzas.

En efecto, la historia nos dice que, el Caballero de Gracia ofreció su casa a algunas religiosas del monasterio de la Concepción Francisca, fundado por doña Beatriz de Silva, dama de la reina doña Isabel, que deseaban abrir un convento según el primitivo rigor que en 1511 se dio a esta Comunidad. El edificio, que antes ofreció a los Clérigos Menores, fue reconstruido para adaptarlo a la clausura del convento, que se fundó en 1604, reservándose el Caballero el derecho a ser enterrado en la capilla de la Virgen de Gracia.

Unos claveles para la reina

Este convento, asentado, como hemos dicho, en los terrenos de la casa de Jacobo Grattis, conservaba en su interior un antiguo jardín con una hermosa mata de claveles. Un día Felipe III y doña Margarita de Austria decidieron ir a visitarlo en compañía de su patrono, el Caballero de Gracia. Pasearon por el modestísimo convento y la reina quedó embelesada con el cuidado jardincillo y aquellas maravillosas flores. La abadesa, en seguida, cortó algunos claveles y formando un oloroso ramo se lo entregó.

El rey se interesó por la propiedad de las casas inmediatas, dejando entrever el gusto que tendría en la ampliación del convento sobre estas fincas. El conde-duque de Lerma, queriendo satisfacer al rey, intentó comprarlas a sus propietarios el arzobispo de Santa Fe, don Bernardino de Almansa y a don Francisco Solórzano, magistrado de la Villa.

Surgió, entonces, una gran disputa sobre el proyecto

entre el Duque y don Jacobo, ya que éste último quería mantener su derecho de patronato sobre el convento de las concepcionistas descalzas. El conflicto, sin embargo, acabó pronto, porque la reina Margarita "regaló un clavel" a cada uno de los propietarios de las fincas colindantes, los cuales, agradecidos por su promoción a arzobispo de Santo Domingo y a consejero de Estado respectivamente, derribaron sus casas y edificaron la capilla mayor de la Iglesia, parte del convento y el crucero. La nueva construcción obligó a abrir una calle que comunicara con la de Caballero de Gracia y que tomó por nombre El Clavel, en recuerdo del magnífico efecto que causaron.

No se acaba aquí la historia del conocido convento del Caballero de Gracia donde sucedieron célebres sucesos como la acogida de algunas monjas expatriadas de Inglaterra, el escándalo de la profesión de una dama de la Princesa de los Ursinos y el sermón del Padre Nitard o la exaltación mística de Sor Patrocinio, la monja de las llagas.

El virtuoso Caballero de Gracia, que nos dice la historia que fue, no pudo ver todos estos sucesos, a pesar de la longevidad que alcanzó, ciento dos años, ni tampoco llegó a conocer el Oratorio que lleva su nombre, que fue iniciativa de la Congregación del Santísimo Sacramento que él mismo fundó para contrarrestar el poder del luteranismo. En 1836, con motivo de la desamortización de Mendizabal, sus restos fueron trasladados hasta el actual Oratorio al que hoy nos hemos acercado.

LA MUSA DE GOYA

Cada vez que alguien se detiene frente a un cuadro de Goya en el que ella aparece, vuelve a renacer su belleza. Es María Teresa Cayetana, duquesa de Alba, la mujer admirada en vida por todos y, aún hoy, gracias a los inmortales cuadros en los que sirvió como modelo para Goya.

Son muchas las anécdotas que han llegado hasta nosotros sobre ella, demostrando que, además de su comentada belleza, fue siempre una mujer inteligente y segura de sí misma.

La duquesita y el seminarista

Era aún muy niña la duquesa, aunque estaba ya casada, cuando una tarde salió a dar un paseo. Iba vestida sin lujo y, como olvidando quien era, aparentaba ser una muchacha cualquiera. Iba acompañada por una doncella de la casa. Su andar airoso y su bonito rostro llamaron la atención de un joven seminarista de buena presencia que caminaba leyendo un libro. La duquesa, no sólo no evitó la mirada del muchacho, sino que le dirigió una suya con bastante intención. Al rato, ya paseaban juntos charlando animadamente.

Al pasar por delante de un merendero al que solía asistir María Teresa Cayetana, el joven invitó a la dama y a su acompañante a tomar un refresco. Éstas aceptaron gustosas la invitación, se sentaron en una mesa y la duquesa fue pidiendo todo lo que se le antojaba , fingiendo ser una muchachuela caprichosa y mal comida. El seminarista se mostraba cada vez más nervioso viendo que el poco dinero de que disponía no alcanzaría para pagar lo que estaban consumiendo. No atendía ya ni la conversación de su acompañante que parecía no haber comido en meses.

La duquesa, entre sonrisa y coqueteo, seguía pidiendo y, en un descuido del muchacho, le dijo al dueño de la venta: "¡Hasta que se deje los calzones!". El hombre, que conocía la identidad de la dama, vio el juego y lo siguió encantado, sabiendo que, por uno u otro lado, la cuenta quedaría pagada. El joven intentaba retrasar el momento terrible, pero era ya tarde y, además, María Teresa quería ver el final de la historia.

Se levantó el seminarista para hablar con el ventero y aceptó éste recibir, en prenda del dinero que faltaba para saldar la cuenta, los calzones del chico, que se cubrió malamente las piernas medio desnudas con su largo manteo. En el camino de regreso la duquesita intentaba contener la risa y el seminarista caminaba cabizbajo a su lado. Ella trató de levantarle el ánimo y le preguntó por sus proyectos para el futuro, haciéndole prometer que al día siguiente iría a su casa y allí le presentaría a alguien que podría ayudarle.

Acudió el joven puntual a su cita en la lujosa casa en la que ella vivía. Un criado le condujo, como había ordenado la duquesa, por pasillos retirados, para hacerle pensar que trabajaba allí de doncella. Al final, llegaron a un enorme salón donde se encontraba la hermosa dama lujosamente vestida y acompañada de sus habituales. El seminarista quedó sin habla durante unos segundos, quizás pensaba cual sería la siguiente broma, pero la joven aristócrata había decidido poner fin a su farsa y fue el último apuro que le hizo pasar, a partir de entonces la duquesa se mostró amable y le dio la ayuda que había prometido.

Estos rasgos definen a la duquesa de Alba como una niña caprichosa y malcriada, pero, en la época, no eran reprobados, sino más bien acogidos con aplauso, admirándose su ingenio y buen humor pues, al fin de cuentas, no hacían ningún mal a nadie.

Unas monedas para un pobre ciego

Ya con más edad, en los tiempos en los que posaba durante horas para Francisco de Goya —parece ser que con gran agrado para ambos—, seguía la duquesa levantando pasiones, lo que provocaba cierta irritación en su marido. La gente murmuraba y hasta los oídos del duque había llegado alguna insinuación malintencionada que suponía una relación más profunda que la de modelo-artista entre Cayetana y Goya.

Siendo ésta la situación, se encontraba una tarde el matrimonio descansando en el salón de su casa, cuando un ciego comenzó a cantar en la calle pidiendo limosna.

No se sabe la letra de las coplillas que entonaba, pero no sería raro suponer alguna alusión a la duquesa, que estaba constantemente en boca de todos los madrileños. María Teresa Cayetana, siempre caritativa, invitó a su marido a echar unas monedas al mendigo, el duque, don José, se dispuso a rebuscar en su bolso. Al ver la dama que tardaba y descubrir que la causa era que toda moneda le parecía a su marido demasiado valiosa para desprenderse de ella, le propinó un certero puntapié que hizo volar la bolsa, cuyo contenido quedó desparramado por la calle.

El duque, furioso, mandó a la servidumbre bajar a toda velocidad y recoger las monedas antes de que desaparecieran y todos los criados corrieron provistos de candeleros y buscaron agachados sobre las piedras de la calzada. Con el cariño que había demostrado el duque por su dinero es posible imaginar la cara que debió quedarle cuando llegó el mayordomo comunicándole que los sirvientes no habían encontrado ni una sola moneda.

La duquesa, que había seguido la escena desde el balcón, viendo como cada uno guardaba las monedas que encontraba, contemplaba, ahora, a su marido con una risa burlona. Se acercó hacia él y cariñosamente le dijo: "No te enfades, duque mío, ¿No has comprendido que el ciego era en realidad un enviado del Señor para comprobar tu generosidad?". Seguía siendo ingeniosa la duquesita.

La reina María Luisa y la duquesa

Pero fue el famoso enfrentamiento entre la duquesa y la reina María Luisa lo que más propició los comentarios. Dicen las malas lenguas, que toda la Corte esperaba con morbo los encuentros entre las dos damas. Esta rivalidad pudo tener su origen en la competencia de ambas por conseguir el amor de un hombre.

María Luisa había llegado a España muy joven, su carácter inquieto contrastaba con el de su marido, el príncipe Carlos, que no destacaba por su intelecto. Sobre ello, se cuenta que en cierta ocasión se reía el príncipe, en conversación con su padre, Carlos III, de los maridos engañados. El rey le advirtió que no debía hablar así, puesto que, estando él casado, también estaba expuesto a ello. Le contestó el joven Carlos que ésta era la ventaja de los príncipes sobre los demás hombres, porque era muy difícil encontrar otros príncipes que enamoraran a sus mujeres, el rey le replicó: "Cállate, y no seas tonto, hijo mío". No estaba equivocado Carlos III. En tal situación, María Luisa buscaba diversión lejos de su marido aunque no fuera necesariamente con un príncipe.

Su suegro y Floridablanca consiguieron evitar en alguna ocasión que las aventuras de la princesa llegaran más lejos, pero el carácter de María Luisa hacía que no se mantuviera mucho tiempo tranquila, aguantando el aburrimiento.

Se fijó un día la princesa en un oficial, Juan Pignatelli, hijo del conde de Fuentes, pero el joven mostraba poca preocupación por la princesa y mucha por la duquesa de Alba que le ofrecía una tenaz resistencia aún sintiendo, en el fondo, una cierta debilidad por el apuesto militar.

Viendo sus dificultades para conquistar a María Teresa, decidió Pignatelli utilizar a la princesa para darle celos. La duquesa se entregó por fin pidiendo que, como prueba de cariño, el oficial le entregara una caja de oro y brillantes obsequio de la princesa y a cambio, ella le regalaría una sortija con un grueso diamante que lucía en su dedo.

La relación de la duquesa y Pignatelli era apasionada, pero María Luisa que estaba dispuesta a no perder lo que había conseguido, pensó en una treta que separará definitivamente a la pareja y, al tiempo, pusiera en ridículo a su rival. Aunque el oficial afirmaba que el anillo que siempre llevaba consigo era una adquisición suya, sospechaba la princesa de su procedencia y pidió al joven que se lo prestara para lucirlo en el besamanos que tendría lugar con motivo de su próximo cumpleaños. Pignatelli no tuvo más remedio que aceptar y la princesa quedó feliz, esperando ilusionada el día señalado para disfrutar de su triunfo cuando la duquesa besara su mano y viera en ella la traición de su amante.

Si María Luisa esperaba ver su logro en la cara de María Teresa, no lo consiguió, ya que ésta, siempre dueña de sí misma, no se turbó lo más mínimo al ver su regalo en un dedo inadecuado. Pero sí logró que la duquesa se sintiera traicionada y rompiera con su amante nada más terminar la celebración. Lo que seguramente no esperaba la princesa es que, para ser perdonado por la duquesa de Alba, Pignatelli la abandonara. Aún habiendo conseguido esta importante victoria, no se conformó la duquesa, que elaboró un cuidadoso plan para humillar a su rival y demostrarle quien tenía más cartas escondidas.

Un peluquero francés con mucha fama en la Corte, contaba entre sus clientes con ambas mujeres, lo que aprovechó la duquesa para poner en práctica su ingenioso plan. El día en que esperaba la visita del peluquero, preparó en su tocador la famosa cajita de oro y brillantes llena de una olorosa pomada. El francés, como esperaba María Teresa, se fijó nada más empezar su trabajo en el delicado objeto. Aprovechando este calculado interés, le regaló la cajita con la condición de que la llevara a casa de cada una de sus clientes.

El hombre cumplió su promesa y, al llegar un día a realizar su trabajo en palacio, la princesa vio su regalo. Al preguntar su origen, el peluquero le refirió la historia, tal y como había planeado la duquesa. La princesa, rabiosa, corrió a reprochar a Pignatelli su atrevimiento y éste se disculpó diciendo que, ante la insistencia de la duquesa de Alba, no le quedó más remedio que regalársela, temiendo que si no lo hacía, descubriera la duquesa sus relaciones.

María Luisa fingió en esta ocasión creer la historia, pero no perdonó a su adversaria y decidió declararle decididamente una guerra que era secreta, pero conocía toda la corte y que, en realidad, ya había comenzado tiempo atrás.

Años más tarde, siendo ya María Luisa reina, tuvo lugar otro acto de la famosa rivalidad entre las dos nobles damas.

Era la reina muy aficionada a la moda francesa y, sabiéndolo el embajador francés, que pretendía ganarse la confianza de los monarcas, le regaló cierto día un modelo espléndido, recién traído de París. La reina se mostró encantada con el obsequio y dijo, a todo el que quiso escuchar, que lo estrenaría en una importante fiesta que se celebraría unos días más tarde.

Enterada la duquesa, no quiso perder la ocasión de avergonzar a la reina delante de toda la corte y, después de enterarse muy bien de la procedencia del vestido y del modelo exacto del que se trataba, mandó a unos sirvientes de toda confianza a París con un recado urgente y un buen montón de dinero, apresurándoles para que su vuelta fuera lo más rápida posible.

Sin parar ni para dormir, los criados de la duquesa llevan a cabo su cometido, regresando a Madrid sólo unas horas antes del comienzo de la fiesta. La duquesa, encantada, agradece su importante servicio con regalos y se dispone a realizar la última fase de su intriga.

Eligiendo a cuatro de sus camareras, las más bellas, les advierte que esa noche la acompañarán a una fiesta para lo que deben vestirse con ciertos trajes que acaban de llegar de París. Las jóvenes se prueban las elegantes ropas y, cuando salen, María Teresa sonríe encantada comprobando que, efectivamente, los trajes son exactamente iguales que el que estrenará la reina. Poco después todos parten hacia la fiesta.

Al llegar, la duquesa ve a lo lejos a María Luisa que saluda a cuantos se acercan hasta ella y da explicaciones a los que admiran su ya famoso vestido. Se acerca María Teresa flanqueada por sus camareras que comprueban horrorizadas que van vestidas exactamente igual que le reina. El resto de los invitados abre camino a la curiosa comitiva asombrándose ante la audacia de la duquesa y comentando a su paso el jocoso incidente. La reina se vuelve y comprueba confundida la burla de la que está siendo objeto. Mira con rabia a María Teresa que la sonríe ingenua, esperando para mostrarle sus respetos. Pero la reina no aguanta más bromas y sale de la reunión dejando atrás un mar de caras que intentan mantenerse serias sin conseguirlo. La duquesa se queda atrás disfrutando de su nuevo triunfo, rodeada por cuatro camareras asustadas vestidas a la última moda de París, como la mismísima reina.

Se cuenta que, con ocasión de otra gran fiesta, lucía la reina un espléndido collar que llamaba la atención de todos los que lo contemplaban. Era una verdadera obra de arte finamente trabajada y con costosas piedras preciosas. Quizás, todos los asistentes a la fiesta, sabiendo de la competencia entre la reina y la duquesa de Alba, esperaban con ansia la llegada de la última, pensando que, esta vez, sería imposible que superara a la soberana. Pero no era la intención de la joven aristócrata conceder una tregua, ni dejarse ganar la más mínima batalla y, para ello, había ideado esta vez una burla mucho menos costosa aunque igualmente atrevida.

Llegó a la fiesta sin joya alguna, pero con un adorno mucho más valioso. En su escote lucía un lunar que le había pintado el mismísimo Goya. Todos admiraron el detalle, sobre todo por el ingenio que demostraba. Todos, menos la reina, que había vuelto a quedar en segundo plano con su collar cargado de diamantes, viéndose, como tantas veces, humillada por la molesta dama.

¿De qué murió la duquesa?

Si la vida de la duquesa de Alba estuvo llena de aventura, nadie podía creer que su muerte pudiera ser rutinaria. Tenía sólo María Teresa cuarenta años cuando murió. La enfermedad fue tan rápida que sorprendió a todo Madrid. Sus múltiples admiradores no podían creer la noticia y no tardó en extenderse el rumor de un posible envenenamiento del que no consideraban ajenos a Godoy y a la reina María Luisa. En palacio, también se creía en la posibilidad de una muerte provocada, pero se culpaba de ella a los criados de la dama, al saberse que estaban entre sus herederos, pues había muerto la duquesa sin descendencia. No se aclaró el misterio, que perduró mucho tiempo entre las leyendas de nuestra ciudad.

Bastantes años más tarde, en 1945, el doctor Blanco Soler, acompañado por los doctores Piga y Petinto, exhumó los restos de María Teresa. Se pudo saber, por las mediciones efectuadas, que, como ya aseguraba la voz popular, era ella la modelo que utilizó Goya para su "Maja desnuda".

También se conoció la más que posible causa de su muerte. Fue una simple gripe —simple en nuestro tiempo, claro— la que se llevó a esta mujer siempre admirada. Se comprobó que era tuberculosa, con cicatrices en la pleura y desviación de la columna. Se desmorona así la leyenda del envenenamiento ciento cuarenta y tres años después. Se cuenta, que alguien que estuvo presente en la exhumación dijo al ver el cuerpo: "¡Qué mano tan bonita tiene la duquesa!".

EL INGENIOSO DON JUAN

Es agosto en Madrid, dos jóvenes cruzan el Viaducto buscando un soplo de aire que alivie el bochorno insoportable de media tarde. Se paran y, apoyados en la barandilla, contemplan la neblina que cubre el oeste, pero el calor es demasiado intenso para detenerse en detalles y pronto prosiguen su camino.

Cruzan Mayor con los pies pegándose en el asfalto, poco más arriba ven una tasca y entran para refrescarse por dentro. Frente a dos vinos, establecen su plan para las próximas horas: plaza de la Villa, plaza Mayor, hay que aprovechar el tiempo. Pero fuera sigue pegando fuerte el calor y los jóvenes miran a la calle, como asumiendo lo que les espera. En la acera de enfrente, descubren un monumento que antes no habían visto, deciden preguntar al camarero, éste se vuelve y, señalando a la calle dice: "Godo, cuéntales lo que es aquello". Un hombre sonriente que se presenta como el dueño del local en el que están, "casa Ciriaco" les cuenta la historia:

—"Seguro que habéis oído hablar de esto antes, ¡pero si hasta en canciones infantiles se habla de ello!. ¿No os suena una que empieza así?: 'En la calle Mayor ha caído una bomba,...' ¿no la conocéis?. Bueno, pues yo os lo cuento".

—"Ocurrió a principios de siglo, en 1906. Pasaba por aquí enfrente una enorme comitiva que acompañaba a unos recién casados muy importantes. Ella era la reina Victoria Eugenia, él, el joven rey Alfonso XIII. Una multitud aplaudía el paso de la carroza real cuando, desde un balcón de este mismo edificio, tiraron un ramo de flores que escondía una bomba. No alcanzó a los reyes porque chocó con un cable, pero fueron muchos los muertos y heridos. El autor del atentado era un anarquista llamado Mateo Morral. El monumento por el que preguntáis, recuerda a las víctimas de este sangriento suceso".

"Muchos de los que están en el bar se han unido aportando datos a la historia, cuando del otro lado de la barra les llega una voz: 'Yo conozco otra historia que ocurrió en esta calle, sólo un poco más arriba'. El grupo se vuelve y ve a un hombre de edad, con grandes bigotes blancos y perilla, de aspecto elegante que se acerca ya hacia ellos".

"Si nos sentamos, les contaré a qué me refiero, y verán cómo la muerte de un solo hombre puede hacer correr tanta tinta y provocar tantos comentarios como el sangriento atentado que acaban de escuchar".

Todos se acomodan en una mesa y, después de pedir algo que les refresque, el hombre, con una voz que parece surgida de otros tiempos, comienza a hablar.

Un asesinato en la calle Mayor

—"Es un día como hoy, veintidós de agosto, aunque de 1622, sobre las nueve de la noche, aún hay luz. Un coche avanza por la calle Mayor, en él Don Luis de Haro, hijo del Marqués de Carpio, acompaña a Don Juan de Tasis, Conde de Villamediana. Vienen de Palacio y se dirigen hacia la casa del último, al final de la calle. Los dos caballeros charlan animadamente, quizás, el conde se queja de su mala racha en el juego. De los portales, a la altura de San Ginés, sale un hombre y avanza decidido hacia el coche. Cuando llega hasta él, saca un arma afilada y, sin mediar palabra, se abalanza contra el conde clavándole el cuchillo en el pecho con tanta fuerza que, después de romperle el brazo y alguna costilla, llega hasta la espalda. Don Juan quiere aún defenderse y salta sobre el agresor echando mano a su espada, pero, ya sin fuerzas, sólo llega a decir 'es un hecho'".

"Don Luis, que se ha acercado hasta su amigo, se vuelve y corre tras el agresor pero no consigue alcanzarle. La gente se acerca curiosa, entre los murmullos, se escuchan gritos, todos se asombran al identificar al moribundo. Entre unos cuantos hombres le levantan y le llevan hasta su casa, unos minutos después muere el conde de Villamediana, uno de los hombre más admirados y mas envidiados de la época".

El hombre deja de hablar para dar un trago, alguien toma la palabra.

—"A esta historia se refieren esos versos de Góngora: 'Mentidero de Madrid/decidnos ¿quién mató al conde?...'. No recuerdo como siguen".

¿Quién mató al conde?

El extraño narrador que le ha escuchado con curiosidad recita entonces, concentrándose en cada palabra :

"Mentidero de Madrid
decidnos ¿quién mató al conde?;
ni se sabe, ni se esconde,
sin discurso discurrid:
—Dicen que le mató el Cid,
por ser el conde Lozano;
¡disparate chabacano!
la verdad del caso ha sido
que el matador fue Bellido
y el impulso soberano"

—"¿Eso quiere decir que el rey tuvo algo que ver en la muerte del conde?", pregunta uno de los jóvenes.

El narrador, que ha permanecido inmóvil desde que recitó el poema, vuelve los ojos hacia él y, con un gesto de duda, reanuda su monólogo.

"La verdad es que Villamediana tenía muchos enemigos y, algunos de ellos, muy poderosos. Desde joven había sido molesto para la corte, tanto, que Felipe III le desterró; oficialmente, por su afición al juego, pero es indudable que, con él lejos, estuvieron más tranquilos".

"Pasó algún tiempo en Nápoles y, al volver, ya con el importante cargo heredado de Correo Mayor, trató de suavizar su carácter, lo que le reconcilió con muchos personajes de la Corte. Consiguió algunos amigos poderosos y, poco a poco se fue acercando al joven Felipe IV hasta ganar su voluntad. Esta situación de privilegio, apoyada en su amplia educación y su enorme ingenio le hacía concebir esperanzas de conseguir cotas aún más altas".

"Esta relación con el rey, hizo que fuera nombrado gentilhombre de la reina y Don Juan no perdía oportunidad de aparecer en el séquito real, siempre en primer plano, siempre acaparando las miradas. Cuenta Góngora que cierto día una treintena de hombres a caballo, acompañaba al rey, yendo entre ellos Villamediana, y ocurrió que a éste se le cayó una venera de diamantes valorada en seiscientos ducados y el conde no descabalgó para recogerla, prefirió perder la joya que su posición en el séquito. Es cierto que su situación económica era desahogada y que bien podía tirar seiscientos ducados, pero es su actitud la que demuestra su carácter tan particular".

"Si a esto unimos su elegancia, su enorme ingenio y su sensibilidad, se puede entender que fuera adorado y envidiado, que sus interminables aventuras amorosas provocaran las iras de los maridos celosos y que muchos quisieran evitar la consecución de una carrera política. Ya tenemos unos cuantos motivos para que muchos desearan su muerte".

—"¿Es que no nos va a contar más?".

—"Vaya, veo que les está gustando mi historia. Bueno, pues sí, les puedo hablar de muchas anécdotas de la vida del conde que pudieron provocar su muerte, aunque yo creo que no fue una la causa, sino la unión de todas ellas. Unas, la determinaron, otras, la aceleraron y, todas juntas, llevaron al trágico final que les he contado".

La lucha por la privanza

"En cierta ocasión, contemplaban los monarcas una fiesta de toros y cañas en la plaza Mayor y allí estaba Villamediana demostrando su destreza como jinete y rejoneador, destacando sobre los demás en medio de un público admirador. La reina, viendo las proezas que realizaba frente al toro, comentó al rey 'Qué bien pica el conde', a lo que el rey contestó: 'Pica bien, pero muy alto'. Y fue ese, en verdad, el mayor error del conde, elegir unos objetivos demasiado elevados en todos los campos. Y fueron, principalmente, dos los campos en los que 'picó': la política y el amor".

"Vamos a empezar por la política. Aunque parezca mentira, hubo momentos en los que Villamediana llegó a tener más influencia en el rey que el propio conde duque que, como saben, fue el hombre de confianza de Felipe IV y el de mayor poder durante su reinado. El poder del conde duque de Olivares se había fraguado ya antes de la muerte de Felipe III. Se cuenta que, estando este rey en su lecho de muerte, el duque de Uceda, que poseía la confianza del aún rey, le preguntó a Olivares: '¿Cómo van las cosas del príncipe?'. Y éste le respondió: 'Todo es mío'. '¿Todo?', le preguntó el duque". "Todo, sin faltar nada", respondió Olivares. Conseguir la privanza era, pues, un trabajo lento y premeditado y no iba a permitir el conde duque ninguna intromisión.

Pero durante los primeros años no estuvo Olivares tan cerca de su objetivo como pretendía y tuvo que compartir con su tío, don Baltasar de Zúñiga, el favor del rey. Surgió en estos momentos el enfrentamiento con Villamediana que tomó parte activa en la disputa entre los privados, atizándola, y escribiendo contra Olivares".

"Aunque históricamente este enfrentamiento de don Juan con el conde duque no tuvo ninguna importancia, pues la carrera política del conde no pasó de ser una mera posibilidad truncada con su muerte, no podemos dejarlo de lado si lo que nos interesa es la muerte de don Juan. Dos hombres que luchan desde posiciones de privilegio y un arma de la que se valdrá Villamediana en todo momento para atacar a su adversario, y no sólo a éste sino a todos los que se crucen en su camino: la poesía".

El conde poeta

"Utiliza la sátira para ridiculizar, desprestigiar y criticar al otro. Sus versos se esperan cada día en el mentidero y corren sus ingeniosas puyas como la pólvora, de boca en boca, hasta llegar al ultimo rincón de la corte. Aparecen panfletos sin firma en las puertas de las casas, denuncias públicas que quedan en las mentes de cuantos las oyen, formando opiniones a favor o en contra y creando bandos que discuten en la calle las últimas novedades. Villamediana, audaz como pocos, criticó sin miedo a casi todos, aprovechó su gran sentido crítico para resaltar los defectos y silenciar los valores de los poetas de su época, incluso de los que eran sus amigos, como Góngora. Con la sátira como arma política, denunció constantemente al gobierno".

"Recuerdo ahora unos de esos versos que tanto dieron que hablar y que, aunque no aparecieron firmados, yo atribuyo sin dudar a Villamediana:

> 'La carne, sangre y favor
> se llevan las provisiones;
> quedos se están los millones
> y Olivares gran señor;
> Alcañices cazador,
> Carpio en la cámara está
> Monterrey es grande ya,
> Don Baltasar presidente:
> las mujeres de esta gente
> 'nos gobiernan... ¡bueno va!'".

"Como ven, Villamediana no deja títere con cabeza hablando de Olivares, pero no sólo de él sino también de su familia, pues habla de don Baltasar y de los maridos de las hermanas del conde duque, todos en puestos privilegiados dentro de la corte, lo que, por otra parte, era bastante normal teniendo en cuenta las familias de donde provenían. Tener a Olivares en contra fue fatal para el conde, pero, aunque no parecería raro pensar que fuera el valido quien ordenó su muerte, es probable que su enfrentamiento personal sólo fue una causa más que la precipitó, pero no la más importante".

"Y, ahora, vamos al otro tema, mucho más interesante sin duda y causa principal, según creo, de la muerte de Villamediana: sus pretensiones amorosas".

"Voy a contarles algunas anécdotas que nos vendrán bien para aclarar, si es que eso es posible, hacia donde apuntaba Villamediana".

Mis amores reales

"Ya les he hablado del talante intrépido del conde que se comportaba de forma aventurada, sin temor a las consecuencias que sus actos pudieran tener. Pues esta vez hizo gala de su fama y se atrevió a aparecer en una fiesta de toros y cañas celebrada en la plaza Mayor con un traje bordado con reales de plata y un lema 'son mis amores reales', todos los presentes repararon en el atrevimiento y comprendieron su significado. Sin duda, fue una indiscreción por su parte mostrar en público su pasión por la reina, si Villamediana había 'trabajado' tanto por obtener la confianza del rey se expuso aquí a perderla en un momento. Sus sentimientos hacia la reina debieron ser extremadamente intensos".

"Durante mucho tiempo se ha pretendido corroborar esta pasión citando los versos que dedicaba el conde a una tal Francelisa, se argumentaba que este nombre inventado para la poesía, correspondía a la reina por un juego de palabras entre francesa, Isabel o Elisa. Yo apoyaría más otra teoría: Francelisa es en realidad doña Francisca de Tabora, una joven dama portuguesa a la que pretendía Felipe IV".

El hombre para su relato y bebe un trago sin dejar de mirar a sus acompañantes, parece que espera alguna pregunta, o, quizás, que alguno de ellos se atreva a establecer alguna conclusión. Nadie habla, pero las caras se vuelven más sonrientes. Sin esperar más, el viejo narrador sigue con su relato.

"Veo en sus caras que van atando cabos. Supongo que habrán pensado que los famosos 'amores reales' del conde no se referían a la reina sino a otra mujer preten-

dida por el rey y que la competencia entre éste y
Villamediana estaba en doña Francisca. Pues..., siento
desilusionarles, pero no es así. Si nos fijamos bien en los
poemas amorosos que el conde dedicó a Francelisa, no
podemos considerarlos muy pasionales y, esto parece un
poco raro siendo su autor como era. Se trataba más bien
de una pequeña ayuda del poeta al rey para que éste
consiguiera su objetivo, la bella portuguesa. Esto puede
parecerles raro, pero no es un caso único, y les podría
citar bastantes en la época. Lo que pretendía don Juan,
llenando de elogios al monarca y haciendo ver a la dama
su gran suerte, al haber caído sobre ella los ojos de tan alto
personaje, era arrojar a doña Francisca en los brazos del
rey".

"Aclarado pues este punto, nos quedamos con la
pasión que sentía Villamediana por Isabel de Borbón y
que demostraba cada vez que se le presentaba la ocasión,
y, como esto no era fácil, el conde se encargaba de
propiciar ocasiones".

La gloria de Niquea

"Así ocurrió en la primavera de 1622. Cumplido el
luto por Felipe III, la corte de su heredero comienza a
organizar las fiestas que tanta fama le dieron. Se organizó
ésta que les cuento con motivo del cumpleaños del rey,
aunque hubo que retrasarla ya que el ocho de abril, día en
que nació Felipe IV, no era propicio para un espectáculo
al aire libre. Por voluntad de la reina, se organizó una
representación teatral. Doña Isabel pidió a su gentilhombre que compusiera una obra de 'gran aparato', al estilo

italiano y el conde no dejó pasar esta oportunidad, poniendo todo su conocimiento y su ingenio al servicio de la mujer que no dejaba de ocupar sus pensamientos".

Se vuelve a detener el relato y el viejo, cambiando de tono, se dirige a la barra.

"Camarero, pónganos otra ronda, que estoy seco y el telón aún tiene que alzarse".

"Siento el paréntesis, pero mi garganta se cansa más si no la remojo. Pero sigamos con nuestra historia. Como decía, Villamediana se ocupó de escribir la obra en la que tomarían parte tanto la reina como otras damas de palacio. Así nació 'La Gloria de Niquea'. El papel que tenía la reina era mudo, encarnaba a Venus, la diosa de la hermosura. Doña Isabel eligió como lugar de representación Aranjuez, concretamente el jardín de la isla, un precioso lugar formado entre dos corrientes del Tajo y plagado de árboles. El capitán Julio Cesar Fontana, ingeniero mayor y superintendente de las fortificaciones de Nápoles, además de amigo de Villamediana, viajó hasta allí para dirigir la fabricación de un teatro de ciento quince pies de largo por setenta y ocho de ancho. Sería un gran espectáculo al aire libre y tendría lugar de noche, por lo que hubo que iluminar toda la isla con antorchas".

"El conde, audaz, como siempre, hizo colocar en el tablado, presidiendo la representación, dos figuras de grandes dimensiones que representaban a Mercurio y Marte. Marte simbolizaba, sin duda, al rey y Mercurio era el correo de los dioses, recordarán que el cargo que don Juan heredó de su padre era el de Correo Mayor, creo que sobra cualquier comentario".

"Ya he dicho cual era el papel de la reina, pues bien, cabe resaltar otra interpretación, pues la encargada de encarnar el mes de abril fue nada menos que doña Francisca de Tabora, oficialmente menina de la Infanta y extraoficialmente, amante, o futura amante, del rey. Pero lo más comprometedor del caso es que este papel no era mudo y el conde aprovechó la ocasión para poner en boca de la dama portuguesa unos versos que resultaran muy significativos:

> Y en cuanto al Sol adoro yo de España
> atiendo de la edad..."

"Ya no es sólo una indiscreción, también una confesión, pues a nadie escapa de qué Sol habla en público y dirigiéndose al rey. Pero aquí, la intención de Villamediana seguía siendo ganarse el favor real y podría pasar como una mera anécdota. Fue avanzada la fiesta cuando tuvo lugar su más espectacular osadía y las consecuencias llegaron sólo unos meses más tarde".

"Cuentan que el conde mandó a uno de sus criados que, en medio de la representación, prendiera fuego en el escenario. Así ocurrió y el carro en el que iba la reina se cubrió de llamas ante el estupor y la confusión de los presentes. Villamediana, preparado para la situación, corrió al tablado para tomar a la reina en sus brazos y sacarla de allí consiguiendo así unos momentos a solas delante de toda la corte, encabezada por el propio rey. La verdad o la mentira de esta anécdota la dejo a la elección de cada uno de ustedes, pero nada parece demasiado atrevido para el conde".

"Algunas veces, repasando la historia, he pensado que don Juan buscó su muerte. No lo sé, lo que si está claro es que sabía cual sería su fin y que éste no estaba muy lejos. La noche de su muerte encontraron en su bolsillo una redondillas que muestran su estado de ánimo:

> Y aunque ésta agraviada
> hablar no me deja,
> ni que tenga queja
> de muerte buscada."

"Ya he hablado de política, de amor, de poesía, creo que ya conocen a don Juan de Tasis, conde de Villamediana, no puedo contarles más, ahora juzguen ustedes".

Y con estas palabras el hombre se levanta, se inclina despidiéndose y, tras echar unas monedas sobre el mostrador, sale. Ya está anocheciendo.

Todos quedan quietos, en la mesa, quizás aún no han vuelto de ese Madrid del siglo XVII donde han pasado algunas horas. Un grupo entra riéndose y les devuelve al siglo XX. En la barra el camarero recoge las monedas que ha dejado el hombre y comenta: "Qué monedas tan raras, parecen antiguas".

Uno de los jóvenes se asoma a la calle, pero no encuentra a nadie. Poco después, los dos amigos suben la calle Mayor sin hablar, con la noche, ha refrescado y corre una brisa agradable. Caminan sin prisa, concentrados en sus pensamientos, recordando al extraño caballero que había desaparecido tan misteriosamente como llegó hasta ellos, pero dejándoles una historia que no olvidarían nunca.

UNA TONADILLERA DE VIDA ALEGRE

A finales del siglo XVIII, en el mejor momento de la tonadilla, llega a la corte María Antonia Fernández, una mujer que, con el sobrenombre de la Caramba, triunfará sobre los escenarios de la ciudad, convirtiéndose en la "novia de Madrid".

Su vida es auténticamente de leyenda, tras un triunfo rápido como tonadillera, se verá asediada por admiradores de los que recibirá innumerables y costosos regalos. Cuentan las malas lenguas que María Antonia se mostraba muy amable con sus pretendientes a cambio de sus halagos y obsequios. La joven, fascinada por su éxito rápido, pasaba su tiempo entre escenarios y amoríos.

Pero la parte más recordada de su leyenda no se refiere a estos momentos alegres, sino a su imprevisto arrepentimiento que le hará abandonar el teatro y cambiar completamente su forma de vida, para morir poco después apenas recordada como la gran musa que había sido.

El éxito rápido

No llegó María Antonia a Madrid sin ninguna experiencia sobre las tablas, pues era ya muy conocida en los escenarios gaditanos, de donde llegaban muchas de las grandes figuras del teatro a la corte. Su nombre completo era María Antonia Vallejo Fernández, aunque no utilizaba el apellido de su padre y, en la compañía, sólo figuraba con su segundo apellido. Había nacido en Motril en 1751 y llegó a Madrid veinticinco años después. La primera vez que aparece su nombre en la lista de una de las compañías de teatro que trabajan en la corte, la de Manuel Martínez, es en 1776. En abril de ese mismo año debutará en el teatro de la Cruz.

No era una mujer de extraordinaria belleza, pero su picardía y su gracia en los ademanes sobre el escenario, enardecían a las multitudes. Parece ser que tenía una buena voz y que ponía toda su pasión andaluza en el canto, dándole siempre un toque personal. Su falta de preparación musical la suplía, como otras muchas cantantes de su época, con muchas horas de ensayo y una gran memoria, pues tenía grandes dificultades para leer sobre una partitura.

Conectó rápidamente con el público madrileño. Se admiraba su espontaneidad y su frescura para conseguir acaparar desde su entrada al escenario todas las miradas.

"Usted quiere...¡caramba!, ¡caramba!"

Esta popularidad casi inmediata y el estar continuamente en boca de la gente, le valió recibir pronto un mote que se coreaba dentro y fuera del teatro: la Caramba.

El origen de este nombre está en una tonadilla que cantó María Antonia a los pocos meses de su llegada a Madrid. La letra decía así:

"Un señorito muy petimetre
se entró en mi casa cierta mañana
y así me dijo al primer envite:
—Oye usted:¿quiere ser mi maja?
Yo le respondí con mi sonete
con mi canto, mi baile y soflama:
—¡Qué chusco que es usted, señorito!
Usted quiere...¡caramba!, ¡caramba!
¡Que si quieres, quieres ea!
¡Vaya, vaya, vaya!
Me volvió a decir muy tierno y fino:
—María Antonia, no seas tirana,
mira niña que yo te amo y te adoro,
y tendrías las pesetas a manta.
Yo le respondí con mi sonete
con mi canto, mi baile y soflama:
—¡Qué porfiado es usted, señorito!
Usted quiere...¡caramba!, ¡caramba!"

Su entonación del "¡caramba!" y el gesto con que lo acompañaba, hacían que el público estallara en carcajadas. Fue tal el éxito, que no sólo se le puso de mote, además se convirtió en una frase usual entre los madrileños, cuando una mujer descubría en un hombre ciertas intenciones, le decía con guasa: "Usted quiere...¡Caramba!, ¡caramba!".

Modas a la caramba

Su fama iba, pues, más allá de los escenarios. Eran copiadas sus frases, su manera de vestir, de actuar, de peinarse...Cierto día, salió al escenario con un lazo enorme sobre la cabeza, esto no se había visto antes, pero ella trajo la novedad y, muy pronto, se podían ver multitud de lazos sobre las cabezas de las damas que paseaban por el paseo del Prado. Este invento no tenía nombre y fue bautizado, como no, como caramba.

También se cantaba este dominio que ejercía sobre la moda, sobre todo, porque influía en todas la mujeres, no importaba la posición social, todas la imitaban:

> "De antes las escofietas
> diferenciaban
> la usía y petimetra
> de la remaja,
> pero en el día
> la caramba ha hecho iguales
> majas y usías"

Toros y toreros

Esta musa popular se dejaba ver con frecuencia en toda clase de fiestas, en los toros, todos volvían la cabeza cuando aparecía en el tendido para ver las faenas de los toreros de la época. Era el tiempo de Pepe-Hillo, de la rivalidad entre Costillares y Pedro Romero. La Caramba, gran aficionada al toreo, contempla las tardes de gloria de los matadores.

Hay dos bandos rivales, los admiradores de Costillares

y los de Romero, las disputas son tan fuertes que, en muchas ocasiones, los partidarios de uno u otro llegan a las manos durante la corrida.

Se dice que, incluso, parte de la aristocracia estaba dividida. La duquesa de Alba encabezaba a los defensores de Costillares, la de Benavente a los de Romero. Aunque ambas damas estaban de acuerdo en su odio a la Caramba que había cantado poco tiempo antes unas coplillas sobre la lucha que mantenían las dos por conseguir enamorar a un torero. Esta alusión le valió el calabozo al maestro Esteve, autor de la mayor parte de las canciones de María Antonia, ya que la tonadillera consiguió desviar la ira de las aristócratas hacia el pobre compositor.

Pero volvamos a los toros. Se dice que, salvo excepciones, la mayoría de los aficionados pertenecientes a clases altas, estaban con Costillares, mientras la majeza y el tronío, tomaba partido por Romero, puede ser, entonces, que la Caramba, por su condición y sus preferencias, estuviera con el segundo.

Pero si hay alguien en el mundo del toreo con la fuerza que la Caramba demostraba sobre el escenario, no es otro que Pepe-Hillo. Su entrega y su valor, casi siempre temerario, le supusieron más de veinte cogidas y terminaron con él sobre la arena. Ambas cualidades son las que asemejan su temperamento al de la tonadillera.

También existía rivalidad entre este torero y Pedro Romero, una curiosa anécdota que nos llega desde la plaza de Cádiz así lo demuestra. Pepe-Hillo, en un alarde suicida, tiró la muleta después de dar un pase y usó en su lugar el sombrero de castor que entonces se llevaba.

El público quedó asombrado, nadie apostaba porque

Romero pudiera mejorarlo, pero no estaba dispuesto
Pedro Romero a dejarse arrebatar el éxito tan fácilmente
y, cuando llegó su turno, tiró asimismo la cofia y con la
peinetilla que usaban para sujetarla avanzó a cuerpo
hacia el toro y, cuando éste se arrancó, lo mató de una
estocada.

Este era el mundo de alarde y fuerza que adoraba la
Caramba.

Un matrimonio secreto

Pero el triunfo de María Antonia no parecía satisfacer
plenamente sus deseos. No se puede olvidar que los
cómicos no tenían grandes sueldos y a la tonadillera le
gustaban la buena ropa y las joyas. En una carta dirigida
al corregidor, la Caramba se queja de su economía, le
suplica un empleo como cobrador en los corrales para su
hermano y, para ella, "el partido de graciosa por entero,
sin el cargo de cantar en los entremeses" y que la
compañía se abstenga de quitarle sus papeles en las
zarzuelas, "pues ello le resulta la pérdida de sus adelan-
tamientos".

Estos lamentos contrastan con una lista de bienes que
presentó María Antonia el día de su boda. Porque la
Caramba se casó. En secreto, pero se casó. El afortunado
esposo fue Agustín Sauminque y Bedó, un joven de una
familia acomodada que por nada del mundo hubiera
permitido a su hijo que contrajese matrimonio con la
actriz más escandalosa de los teatros madrileños.

Fue en 1781, antes de comenzar la temporada. Parece
que tenían mucha prisa los dos jóvenes porque María

Antonia no esperó a que llegaran sus papeles de Motril e inventó un nuevo nombre con el que se casó diciendo que sus padres habían muerto.

No parece que la cantante tomara muy en serio esta boda. Lo que sí especificó, para que quedara bien claro, fue una declaración de los bienes que aportaba cada uno al matrimonio, describiendo perfectamente los bienes de su propiedad, entre los que había plata, oro, sortijas y pendientes de brillantes, valiosos vestidos y numerosos enseres de la casa. En total su dote era una auténtica fortuna de 165.233 reales, provenientes, según declaró, de la herencia de sus difuntos padres, que, por cierto, vivían en la calle Ave María. Y todo eso con un sueldo de veintidós reales al día.

El matrimonio duró poco, la Caramba se retiró el uno de marzo, se casó el diez del mismo mes y volvió a los escenarios el quince de abril.

Esta breve interrupción de la vida artística de la Caramba, sirvió, a su regreso, como tema para una tonadilla. Aunque, en un principio, el matrimonio fue secreto, la misma María Antonia se encargó de poner al corriente a los espectadores nada más volver a los escenarios.

Junto a su pareja artística habitual, el cómico Garrido, cantó a dúo en 1781 una tonadilla que llevaba por título "Garrido de luto por la muerte de la Caramba". Aparecía Garrido en el escenario enlutado y lamentándose, cantando la pérdida de su compañera, pero sin dejar de aludir a la tempestuosa vida de María Antonia:

> "Alma, sintamos;
> ojos, llorar
> a mi Caramba

que murió ya.
¡Ay, pobrecita!
todo bondad,
que no tenía
pecado venial"

Después de varios lloros de Garrido, aparece en escena la Caramba cantando un "andantino", una pieza compuesta por Esteve para que ella demuestre sus extraordinarias condiciones vocales. Al descubrirla, Garrido se arranca el luto y comienza la fiesta con las imprescindibles seguidillas. Pregunta entonces el cómico:

"¿Por qué estuviste loca,
según dijeron?"

Y la Caramba responde:

"Por pillar un bolsillo
con diez mil pesos".

Daba pues, la tonadillera, la imagen que el público esperaba de ella. La boda había sido sólo una aventura más y, en un momento, sobre el escenario, hacía saber a todo el que quisiera escuchar, que María Antonia Fernández seguía siendo la Caramba.

El abandono de los escenarios

La Caramba fue una asidua paseante del Prado. Allí, lanzó modas extravagantes y se prestó a cortejos escandalosos, al tiempo que veía mujeres que fingían desprecio hacia ella, pero lucían en sus cabezas la ya famosa "caramba". Fue durante uno de estos paseos cuando se produjo un cambio radical en la vida de la cómica.

Era el final del verano, un día que olía a tormenta pero, a pesar de ello, mucha gente paseaba ya por el Prado. Llevaba poco tiempo María Antonia en la calle cuando comenzó a llover. Cada uno se refugiaba donde podía y, en un momento, el paseo quedó totalmente vacío. María Antonia fue a parar al convento de San Antonio del Prado, que estaba en el lugar que hoy ocupa el hotel Palace. Entró y permaneció allí hasta que paró la lluvia.

Nunca se sabrá que pasó por su cabeza mientras permaneció en la iglesia pero sí sabemos que cuando salió ya no era la Caramba. Corrió a su casa e hizo saber a su madre que nunca volvería a pisar un escenario.

Esta vez no cambió de opinión, su decisión fue firme y, ante la sorpresa de sus innumerables admiradores, María Antonia no volvió al teatro. Pero no fue éste su único cambio, abandonó todo lo que pudiera sugerir una relación con su vida pasada: los toros, los bailes, los paseos por el Prado, hasta los vestidos lujosos que gustaba lucir.

Durante algún tiempo tuvo que soportar la curiosidad de los muchos que se acercaban hasta las inmediaciones de su casa para verla asistir a la iglesia con burdos sayales de beata. Sus admiradores de otros tiempos se sorprendían encontrándola ahora fea, bajo esos vestidos oscuros que no dejaban ni siquiera imaginar que existiera algún tipo de forma debajo de ellos.

Para ella, esta situación era una especie de penitencia por su vida anterior. Nunca quiso retirarse a un convento, ni abandonar Madrid donde todo el mundo la conocía y comentaba a su paso.

Se dice que esta renuncia a todo lo que había sido, fue

acompañada de múltiples mortificaciones morales y físi-
cas. Los implacables ayunos y las dolorosas penitencias
a que someterá su cuerpo hicieron que su salud decayera
y que, en poco más de un año, nadie fuera capaz de
reconocer en ella un sólo rastro de la Caramba.

Así continuó sin dejar esta nueva vida hasta junio de
1787, cuando su cuerpo, agotado por las mortificaciones,
no pudo resistir y María Antonia murió con sólo treinta
y seis años.

Fue enterrada en la iglesia de San Sebastián, en la
misma capilla de la Novena de donde José Cadalso quiso
llevarse a su amada María Ignacia, otra actriz que causaba admiración en la misma época.

A pesar de su retiro, se comentó mucho su desaparición en Madrid, la prensa recogió algunos poemas sobre
su vida y su muerte, nadie desconocía su historia:

> "Esa mujer que en otro tiempo hizo
> de sus gracias comercio delincuente;
> esa que muda fue más elocuente
> añadiendo colores al hechizo.
> Esa que los deseos satisfizo
> dejando otros burlados dulcemente;
> esa que supo hacer mañosamente
> a los placeres nuevo pasadizo;
> esa que en catre de mullidas flores
> fue alguna vez dos veces homicida.
> Ya en afectos tiernos interiores
> anegada en su llanto, arrepentida,
> concibió tal dolor de sus errores
> que hizo al dolor verdugo de su vida".

De las terribles acusaciones que lanza el poeta sobre

María Antonia, no tenemos ninguna constancia. Parece ser que llevó una vida muy alegre, pero no es conocido que fuera más lejos en sus aventuras. No podemos decir que el poeta invente, pero si fueran ciertas sus afirmaciones, seguramente contaríamos con más referencias.

Sigue estando clara la leyenda de la Caramba pese a este último punto. Realmente causó un gran impacto en su época, una mujer que lo tenía todo, al menos todo lo que había buscado, y, en unos minutos, renunció, no sólo a su trabajo, sino también a su propia vida.

AMORES
DE
LEYENDA

LA DAMA DE LA ROSA BLANCA

Era una noche de carnaval. Un extranjero que vivía en Madrid desde hacía algún tiempo, acudió disfrazado a una fiesta de máscaras que se daba en una casa de la alta sociedad. El juego consistía en reconocer al que se escondía detrás de la máscara. Cuenta el protagonista que una mujer vestida de negro, aunque con guantes blancos y una rosa del mismo color en la mano, se le acercó y, con un gesto, le invitó a seguirla. Él no se resistió intentando descubrir a quién encubría el negro antifaz. A todos los nombres que él proponía contestaba la enigmática dama no con la cabeza. No bailaron como el resto de los invitados, se limitaron a pasear por la casa cogidos del brazo, sólo acompañados por las escasas frases que él pronunciaba.

Pasado un rato, se encontraba ya el joven fascinado por la desconocida, le atraían sus ojos negros, sus manos delicadas y sus pies pequeños, pues era eso lo único que veía. Los otros invitados les miraban sonrientes y murmuraban en voz baja, quizás haciendo conjeturas sobre la identidad de la joven, aunque ellos seguían paseando sin advertirlo.

Estando la fiesta en su mejor momento, ella le pidió, al oído y en voz muy baja, que la acompañara y él aceptó ilusionado pensando que por fin podría ver el rostro de su pareja. Salieron de la fiesta seguidos por los comentarios de todos los presentes que no habían conseguido reconocer a la dama.

El joven se encontraba inquieto, sentía la mano fría sobre su brazo y no sabía hacia dónde se dirigían. Insistió en conocer su nombre, pero ella siguió andando sin hacer ningún comentario hasta llegar a la iglesia de San José. Entraron por una puerta lateral a la sacristía, él cada vez más inquieto, ella segura de su destino. Ya en la iglesia el joven se sintió paralizado por el miedo. En la nave central había un catafalco cubierto por paños negros y débilmente alumbrado. Ella caminó hacia allí tirando de él, el joven decidió poner fin a su aventura y, con muchas dificultades, logró desasirse. La joven se alejó por la nave dejando en la mano de su acompañante la rosa blanca que había llevado toda la noche.

La figura negra seguía avanzando por la nave central de la Iglesia y, al llegar a la zona más iluminada por las velas, se volvió. Él cerró los ojos, quizás pensando que ahora vería su rostro y, lo que había deseado toda la noche, ahora le pareció una pesadilla. Al volver a abrirlos ella había desaparecido, sintió cierto alivio y se acercó hacia el catafalco deseando no encontrar lo que sabía que allí encontraría. Aún así se estremeció al verla tumbada, quieta y con un rostro aún más blanco de lo que había podido imaginar.

Salió precipitadamente de la Iglesia y corrió hasta su casa donde permaneció unos días enfermo, puede que debido al frío o, más probablemente, a la extraña noche que había pasado. Sólo se atrevió a contar esta historia al doctor que le atendió. Éste intentó buscar una explicación pero, la encontrara o no, el joven no iba a olvidar fácilmente esa noche de carnaval.

LA LEYENDA DEL SOLDADO

La actual calle de Barbieri se llamó antes "calle del Soldado" en recuerdo de una terrible historia que aquí sucedió.

Doña María de Castilla, dama de alta posición y abundantes riquezas, tenía una hija muy hermosa y en edad de merecer. La joven se llamaba Almudena Gontili. Un soldado de las guardias españolas se enamoró profundamente de ella la primera vez que la vio y, sin dejar pasar el tiempo, la pretendió como esposa. Se dice que en este enamoramiento repentino también influyó la importante dote que aportaría la muchacha al matrimonio. Pero no entraba entre los planes de Almudena la boda, ya que, siguiendo su vocación religiosa, la joven entraría en breve en el convento del Caballero de Gracia.

El soldado, lejos de desanimarse ante el rechazo, se acercaba cada día hasta su casa y, mientras esperaba para verla al menos unos minutos, inventaba nuevas artimañas para conseguir su corazón.

Se cuenta que un día, recurrió el militar a un amigo pintor e hizo que le retratara en uniforme de gala, en un pilar del convento en el que muy pronto ingresaría la joven y que se encontraba muy cerca de su casa, de manera que, cada vez que saliera Almudena para asistir a misa, le viera sin remedio de frente y, así, pensara en él.

Pero, pese a todos sus intentos, no encontró en la joven el más mínimo cambio que mantuviera viva su esperanza. Humillado y hundido decidió el soldado que prefería verla muerta que lejos de él y resolvió asesinarla, preparando una venganza no sólo contra ella, sino también contra aquello que le robaba su amor.

Conocía cada paso de la joven y sabía que sólo abandonaba su casa para acudir a la iglesia. Eligió el último día que permanecería Almudena fuera del convento. Buscó la hora propicia en la que las calles estuvieran vacías y la esperó a la salida del templo para realizar el sangriento plan que había concebido.

De un solo golpe dejó en el suelo a la muchacha, pero esto no era suficiente para el asesino que cortó la cabeza de su víctima y, metiéndola en un saco, la llevó hasta el convento. Allí, llamó por el torno y, cuando fue atendido, dijo a la religiosa que traía un donativo de la joven que ingresaría allí el día siguiente, dejó el saco en el torno y, escondiéndose de las miradas de los pocos que pasaban, escapó a la carrera en cuanto la monja lo recogió.

La tornera mayor, Sor Isabel de San Agustín, tomó el pesado paquete pero, al comprobar que estaba empapado de sangre lo dejó caer al suelo y corrió a avisar al resto de las monjas que formaban la comunidad. Se reunieron todas en la sala temiendo descubrir el contenido del saco. Una de ellas se atrevió por fin a averiguar el misterio y las religiosas vieron con terror cómo sacaba la cabeza ensangrentada.

Cuenta la tradición, que tenía los ojos entreabiertos y

que, con voz débil, dijo a la abadesa: "¡Madre...!", mientras dejaba caer una lágrima. Luego, miró hacia arriba y sus ojos se cerraron para siempre.

Mientras tanto, el asesino vagaba desconcertado por las calles con las manos y el traje manchados de sangre. Unos soldados que paseaban se sorprendieron al verle y, aunque aún no se tenía conocimiento del crimen, sospecharon y le llevaron hasta el cuartel. Ante sus superiores, no tardó en confesar el asesinato que ya se empezaba a comentar por los alrededores del convento.

El soldado fue encerrado en un calabozo hasta ser entregado a la justicia ordinaria que le condenó a la pena máxima. Se dice que se negó a recibir confesión, convencido de que su delito era demasiado grave para obtener el perdón divino y prefería esperar el castigo, y que, sólo en el último momento, cuando estaba a punto de salir para cumplir con la justicia humana, tuvo una visión y pidió la presencia de un sacerdote.

Se cumplió la sentencia en la plaza Mayor y, una vez ejecutado, se le mutiló una mano que, clavada en un palo, se colocó en el lugar del asesinato.

Almudena fue enterrada con el hábito que iba a tomar y, cuenta la tradición, que se apareció ante tres religiosas de la Orden del caballero de Gracia con la frente adornada por guirnaldas y feliz por haber renunciado a un amor profano y ofrecido su amor y su juventud a Dios.

CADALSO Y LA DIVINA

Ocurrió en el reinado de Carlos III una historia que parece sacada de otro tiempo, pero no del pasado sino de un siglo después, ya que tiene todos los ingredientes de un leyenda romántica del XIX. Un escritor, una actriz, el amor y la muerte. El protagonista fue José Cadalso, autor, entre otras obras, de las "Cartas marruecas".

Era un joven emprendedor que salió muy pronto de su Cádiz natal para conocer mundo. Recorrió varios países de Europa y, cuando regresó a España, a pesar de su corta edad, traía muchos conocimientos acumulados, incluyendo varios idiomas y una visión amplia del mundo. Se encontró a su vuelta con la guerra entre España y Portugal y decidió entrar como voluntario en el ejército, institución que no abandonaría hasta su muerte.

Su buena disposición en las artes militares le llevó al grado de capitán, su valentía, a conseguir la Cruz de Santiago y su inteligencia y simpatía le valieron para hacer grandes amigos durante la contienda, entre ellos, figuras de importante nivel político como el conde de Aranda, que mandaba las tropas en aquella primera campaña y le ofreció su ayuda al terminar la guerra.

Ya en Madrid, finalizada la contienda, José Cadalso conocerá a la mujer que marcó toda su vida, la actriz María Ignacia Ibáñez, conocida por el sobrenombre de "la divina" por su alabada belleza. A ella estará dedicada la mayor parte de la obra del capitán poeta, que la bautizó con el nombre literario de Filis.

María Ignacia es una actriz reconocida. Con poco más de veinte años, ya destaca en la compañía teatral representando los papeles principales. Cuenta con un importante número de admiradores. Todo el que pisa el teatro repara en su extraordinaria belleza y comprende su apodo.

Actriz famosa, admiradores bien situados, escritor pobre y aparece el primer toque romántico, ella rechaza el agasajo y el lujo que le ofrecen otros y se queda con los versos y el amor del joven poeta.

Aparecen, sin embargo, pronto, los primeros problemas ya que Cadalso, totalmente enamorado, quiere casarse con María Ignacia y, en estos tiempos, la gente del teatro sólo era admirada sobre las tablas, en fiestas y en amoríos fugaces. Sus amigos, escritores y oficiales del ejército, quieren hacerle desistir hablándole de cómo pudo ser la vida anterior de la actriz. Pero la decisión de Cadalso esta tomada y ninguna habladuría le hará cambiar sus planes.

Es aquí donde encontramos otro toque del Romanticismo en la historia. En plena juventud y en primavera muere María Ignacia.

Esta tragedia hunde al poeta enamorado que no puede creer que tanta felicidad pueda acabar en un momento. En la iglesia de San Sebastián, cerca de la casa de ella, donde tantas veces habían imaginado un futuro en común es enterrada la joven. Él no se aleja ni un instante de la fría placa de mármol que la cubre, aún no puede creer que no la volverá a ver. Ni siquiera puede escribir y, sólo años más tarde, podrá dejar sobre un papel el recuerdo de aquellos momentos.

Una noche, días después del entierro, Cadalso, que lleva en vela muchas jornadas, decide volver a la iglesia y sobornar al sacristán para que le deje levantar la lápida. Necesita ver, por última vez, a su amada. El sacristán no ofrece mucha resistencia y, por algunas monedas más, le ayuda con la triste labor. Con poca luz y en un silencio, sólo roto por los golpes sobre la piedra, el escritor piensa que su amor hará revivir el cuerpo inerte de María Ignacia y que, esa misma noche, la llevará muy lejos de allí.

> "¡Atrio de san Sebastián,
> que evoca 'las noches lúgubres'
> del poeta capitán!
> Donde duerme María Ignacia,
> Que llamaron la 'Divina'
> por su hermosura y su gracia
> peregrina.
> Del barrio de la Novena,
> la gallarda, la morena
> Emperatriz
> sol de la clásica escena
> por sus donaires de actriz
> y romántico lucero,
> del brillo imperecedero,
> del poeta capitán,
> que cuando murió la hermosa
> fue a robarla de la fosa,

de noche, en la tenebrosa
cripta de San Sebastián.
Al que por su loco afán
por una hermosa inerte,
le llamaron "el galán
de la muerte"

Así cuenta esta tétrica aventura Emilio Carrere en su poema "La torre desaparecida"

Pero sigamos con la historia. El trabajo de los dos hombres se ve de pronto interrumpido por voces que llegan desde el exterior de la sala. Un grupo de soldados entra en la iglesia. Al frente, el conde de Aranda que ha decidido combatir la locura cada vez más evidente de su amigo. Aprovechando que Cadalso sigue perteneciendo al ejército, le ordena que abandone Madrid y que se desplace a Salamanca, su nuevo destino.

Cadalso deja Madrid y a su inolvidable Filis. Durante algún tiempo vivirá en la cercana ciudad castellana, pero este cambio no hará que deje de recordar constantemente a su amada María Ignacia.

Sigue ascendiendo en su carrera militar, llegando a ser comandante cuando estalla la guerra contra Inglaterra y Cadalso va a luchar a Gibraltar, allí, su valor en el frente , que es a veces temeridad, le hará alcanzar el grado de coronel. Ya han pasado diez años desde la muerte de María Ignacia, pero el poeta sigue viviendo en sus sueños aquellos días que pasaron juntos. La guerra no consigue hacerle olvidar y un día, una granada lanzada por los ingleses hiere a Cadalso, que morirá como todo romántico que se precie en la batalla y pensando en el amor perdido.

LEYENDAS
REGIAS

LA LUCHA POR EL TRONO

Moría a mediados del siglo XIV el rey castellano Alfonso XI, dejando a su hijo legítimo, Pedro I, un trono acosado de tensiones políticas y luchas sociales. Este monarca, que ha pasado a la Historia como el Cruel o el Justiciero, esta envuelto en la leyenda.

La Torrecilla del Leal

La oposición de sus hermanos bastardos y, especialmente, la encabezada por Enrique, dejaron en aquel pequeño Madrid historias que aún se conservan en la memoria popular. Es así como, sentados en los actuales cafés de la calle de la Torrecilla del Leal, se sorprenden los jóvenes cuando alguien les cuenta las encarnizadas batallas y el opresor asedio que sufrió Madrid en esta época y la importancia de la simbólica calle que los acoge.

Existía por aquel tiempo una granja —llamadas en la época torrecillas— en el lugar que ahora ocupa esta calle, frontera del cerco que Enrique el Bastardo y sus hombres impusieron a Madrid. Don Enrique había ido ocupando el territorio castellano auxiliado por las Compañías Blancas, mercenarios reclutados en Francia y dirigidos por Beltrán Duguesclin. Madrid, sin embargo, permaneció en defensa del rey don Pedro, siendo las familias nobiliarias más representativas las encargadas de guardar la ciudad y dirigir la resistencia. Así la puerta Cerrada fue confiada a los Lujanes, la de Guadalajara a los Luzones, la de la Vega a los Herreras, la de Moros a los Lassos de Castilla, la de Balnadú a los Barrionuevos y el Postigo de San Martín quedó custodiado por los monjes Benitos.

Mientras se mantenía el sitio a Madrid, se dice que don Enrique intentó hospedarse en aquella torrecilla, pero su dueño, un campesino leal a la causa de don Pedro, le negó la entrada. Enfurecido, el Bastardo le mandó ahorcar delante de su granja, lo que le valió el merecido calificativo de Leal.

Un candil para don Enrique

Otra curiosa historia que ocurrió durante estas luchas civiles, pero de un signo diferente a la anterior, nos lleva hasta un vertedero que existía en la que se llamó calle del Candil, que se encontraba entre Preciados y Carmen, actualmente desaparecida. Allí, las tropas de don Enrique pretendían introducirse y atacar el alcázar, desde donde Hernán Sánchez de Vargas, descendiente de Iván de Vargas, sus caballeros y los Luzón dirigían la resistencia por su estratégica situación.

Vivía en aquel lugar una anciana hilandera que ayudó a los partidarios de Enrique a introducirse por entre las

cuevas hasta el arrabal de San Ginés. La hilandera, con
la única luz de su candil, pues temía que la de las
antorchas alertara a la población, les condujo por entre
las estrechos y tortuosos pasadizos hasta el interior de la
villa. Desde allí el Trastámara intentó buscar el favor de
los madrileños que se lo negaron pues apoyaban la causa
del rey don Pedro. Un romance del XIX nos recuerda esta
historia:

> —"Señor; a Madrid queréis,
> y Madrid ha de ser vuestro",
> dice la anciana temblando
> por los años y el respeto.
> "Aquí se encuentra la entrada
> del subterráneo secreto;
> conozco bien de la cava
> los peligrosos cruzeros.
> De antiguos trabajos moros,
> útil y feliz recuerdo,
> para bien de vuestra causa
> mis padres la descubrieron.
> Llega hasta el mismo arrabal
> de San Ginés: allí, luego
> se llega hasta el mismo alcázar
> por otros cóncavos huecos.
> Y mientras por todas partes
> se agrupan los madrileños
> a disputaros la entrada
> con sus vidas y su esfuerzo,
> yo os daré paso hasta el trono
> que hay en el alcázar regio,
> y el sol, antes de ocultarse,
> alumbrará a Madrid vuestro...."

—"Oscura estará la mina;
pero el vívido reflejo
de cien antorchas mi paso
alumbrará".
—"¡Santos cielos!
No hagáis tal, señor, es fácil
que descubran nuestro intento
los resplandores".
—"Bien dices;
mas ¿cómo nos atrevemos
entre las revueltas calles
de ese laberinto estrecho?".
—"Yo alumbraré solamente
con mi candil".
—"Te prometo,
si él nos basta, de mercedes
hacerte nombrado ejemplo.
Y he de darte de mi cara,
porque tengas un recuerdo,
aún más retratos que veces
tu rueca girando ha vuelto".

Hasta 1369, año en que fue asesinado Pedro I en Montiel, la guerra fratricida prosiguió en distintas plazas. Meses más tarde, Enrique II accedió al trono castellano-leonés fundando una nueva dinastía, la de los Trastámara y acabó así la contienda dinástica castellana.

Cuenta la leyenda que el rey don Enrique no olvidó la ayuda de la hilandera madrileña y, después de tomar la ciudad, mandó construir un gran candil de plata para que se colgara en la puerta de la casa de la anciana en recuerdo de su estancia allí.

El famoso candil permaneció allí hasta que los hermanos Preciados compraron el terreno y quisieron quedarse con él. Pero sus pretensiones no se llegaron a realizar y, como pertenencia del rey, se fundió y se labró una lámpara para adornar el Santuario de Atocha.

La Esperancilla

No es éste el único recuerdo que nos queda en nuestro Madrid de aquel rey bastardo. Una pequeña calle, la de la Esperanza, nos habla de una joven doncella que fue burlada por don Enrique. En una bella residencia de la llamada calle de las Damas vivía una noble señora, de gran corazón y encanto, conocida por Mari Esperanza. Tenía ésta una hija menuda y discreta a la que llamaban cariñosamente la Esperancilla.

Con motivo de la llegada de las tropas del Trastámara a Madrid, el capitán extranjero Beltrán Duguesclin se hospedó en su casa. Mari Esperanza, temiendo cualquier devaneo del caballero, mantuvo a su hija, todavía doncella, oculta a miradas indiscretas. Pasaba Esperancilla todo el día entre su habitación y un pequeño jardín de la casa, donde paseaba todas las mañanas con un velo sobre el rostro.

Comentó el capitán el misterio de la joven a don Enrique que no pudiendo reprimir su curiosidad se presentó en casa de la dama. Ni siquiera el rey pudo verla plenamente pero, entre las veladuras, distinguió a una criatura deliciosa de la que se prendó. Una noche, ayudado por unos sirvientes desleales, consiguió por fin entrar en su aposento, sin embargo, sus malas intenciones se desvanecieron al ver a la honesta doncella que con su mirada de reprobación le condenaba por su acción. El rey, arrepentido, y dispuesto a reparar su intrusión, le regaló su anillo de oro.

EL REY GALANTE

Los turistas corretean inquietos frente a Palacio, recorren la plaza de Oriente buscando la mejor posición para disparar sus cámaras. Unos, se alejan buscando toda la fachada, otros, se conforman con la entrada y, los más audaces, cruzan la calle Bailén para fotografiar a la guardia a caballo. De pronto, todos vuelven la vista hacia la esquina de Mayor, la música se mezcla con el ruido de los cascos de los caballos contra el asfalto, una fila de emocionados visitantes se prepara, cámara en ojo, para la llegada de las carrozas que vienen desde el ministerio de Asuntos Exteriores para la entrega de las cartas credenciales.

Sólo cuando pasa el último coche, los espectadores se vuelven hacia la plaza que les rodea y allí, en lo alto, encuentran a Felipe IV que ha asistido a la escena erguido sobre su caballo, con las riendas tirantes, como si en cualquier momento fueran a saltar del pedestal para cabalgar nuevamente por las calles que el rey recorrió en sus innumerables aventuras por la Villa y Corte. Y es que Felipe IV no es sólo el protector de las artes, también es conocida su fama de conquistador que le valió el sobre-nombre de "el rey galante".

Las monjas endemoniadas

Reinaba ya don Felipe IV cuando se fundó el convento de San Plácido. Ingresaban en él jóvenes de buena familia que quedaban bajo la tutela de la abadesa y fundadora Doña Teresa Valle de la Cerda.

Doña Teresa había estado prometida a don Jerónimo de Villanueva, proto-notario de Aragón, ayuda de cámara de Felipe IV y gran amigo y compañero de aventuras del rey. Cuando los preparativos de la boda estaban hechos, la joven decidió confesar al que iba a ser su marido, que, en realidad, ella no quería casarse, pues tenía vocación religiosa. Don Jerónimo, haciendo gala de una gran generosidad, no sólo aceptó la decisión de la dama, sino que, él mismo aportó parte de su hacienda a la fundación del convento, declarándose patrono del mismo y edificando una casa en la misma calle, pegada al convento, en donde viviría el noble y que se convertiría en punto de reunión de personajes de la corte, frecuentándola, incluso, el conde duque y el propio rey .

Algunos años después de la fundación, se nombró confesor de las religiosas a Francisco García Calderón, conocido por su virtud y por su sabia enseñanza de la doctrina. La vida en el convento era tranquila y apacible, hasta que un día, una de las monjas comenzó a atemorizar a la comunidad con extraños gestos, acciones y palabras; procuraron tranquilizarla, pero cada vez se mostraba más violenta. El confesor, al verla, la declaró poseída por el demonio.

Puede que la situación no hubiese pasado a mayores pero, unos días después, otra religiosa comenzó a presentar los mismos síntomas y, en poco tiempo, gran parte de la comunidad, incluída la priora, estaba, según don Francisco, hechizada por el diablo.

Tres años después, el Santo Oficio encarceló al confesor, a la priora y a muchas de las religiosas. El proceso duró varios años y en él no se esclarecieron totalmente los hechos, pero parece ser que la confesión de fray Francisco bajo tormento, sobre las prácticas que se llevaban a cabo en el convento, fue tan escandalosa que el religioso fue condenado y las monjas repartidas por diferentes instituciones religiosas.

Doña Teresa fue desterrada cuatro años, pero, al contar con importantes influencias en la corte, pudo volver a su puesto mucho antes de lo establecido en la sentencia.

Recién terminada esta historia que tanta polémica había levantado, comenzó en San Plácido otra que también tuvo repercusiones a alto nivel.

Un reloj que toca a difuntos

En cierta ocasión, don Jerónimo de Villanueva, le comentó al rey la extraordinaria belleza de una de las monjas de la casa, Doña Margarita de la Cruz. Felipe IV, respondiendo a su fama de galán aventurero, no resistió la tentación de comprobarlo por sí mismo. Dispuso don Jerónimo una primera visita disfrazando al rey para hacerle llegar hasta el locutorio donde podría admirarla sin desvelar su identidad. Allí comprobó la verdad de los comentarios de su amigo y tanta impresión causó en su ánimo que las visitas se hicieron frecuentes.

Este hecho no podía quedar silenciado en el pequeño

Madrid de la época, y las murmuraciones se extendieron
por todos los rincones de la Villa. El rey, empeñado en
conseguir a la dama, y quizás procurando acallar los
rumores, mandó abrir un túnel que comunicara la casa
contigua, propiedad de su amigo, con el convento, aprovechando una bóveda utilizada para guardar el carbón.
Así el acceso sería más sencillo y menos comprometido
puesto que lo único que podrían ver los vecinos era la
visita del rey a don Jerónimo.

La abadesa enterada del asunto y asustada por sus
posibles consecuencias intentó, a través del conde de
Olivares y de Villanueva, disuadir al rey, pero no pudiendo contrariar la voluntad real, urdió una trama que
pudiera hacer desistir al monarca.

Terminada la construcción del túnel, se dispuso Felipe IV a llegar hasta el aposento de Doña Margarita.
Unos dicen que mandó a Villanueva por delante, otros,
que fue el propio monarca el que, al abrir la puerta, se
encontró con la escena preparada por la abadesa y doña
Margarita. Sea quien fuere el primero en verlo quedó tan
confundido que se frustró el plan. La monja yacía sobre
almohadones, en un estrado, portaba un crucifijo entre
sus manos cruzadas sobre el pecho y estaba rodeada de
flores y velas encendidas.

Tras esta noche, el rey, tal vez arrepentido, mandó
construir el reloj cuyo toque recuerda al de difuntos, que
aún conservan las monjas del convento, y encargó a
Velázquez el famoso cuadro del Cristo que permaneció
muchos años en el convento, hasta su traslado al Museo
del Prado.

Parece ser que, descubierta la trampa, Felipe IV
consiguió su propósito y siguió visitando a la dama.

Normalmente y tratándose de la monarquía, la Iglesia no entraba en asuntos tan delicados, pero fue tal el escándalo que el Santo Tribunal, del que era inquisidor general don fray Antonio de Sotomayor, decidió intervenir. Se instruyó causa contra don Jerónimo de Villanueva y fue apresado tardando más de dos años en resolver su situación, después, sometido a juicio se le absolvió bajo el cumplimiento de penitencias de ayuno y limosna y prohibiéndosele entrar en el convento y hablar de la causa.

El conde duque, por su parte, intentó terminar con el asunto rápidamente para que no hubiera mayores implicaciones y propuso al inquisidor dos opciones en su proceder: aceptar una cuantiosa suma de dinero, dejar la Inquisición y retirarse a Córdoba, de donde era natural o aceptar un decreto de destierro, que habría de cumplirse en un plazo no mayor de veinticuatro horas. Aceptó el arzobispo el primer decreto real pero, cuando parecía que la solución estaba dispuesta, ordenaron desde Roma la remisión de las diligencias de la causa para proseguirla en esta corte.

Alfonso de Paredes, notario del Consejo, fue el encargado por el Santo Tribunal de entregar los documentos en Roma. A su salida, el conde duque de Olivares se encargó de avisar a los virreyes de Nápoles y Sicilia y a los embajadores de España en Génova y Roma de la llegada del emisario, junto con la orden real de apresarle y remitir al rey el arquilla donde se guardaban los documentos de la causa inquisitorial. De este modo, y con la ayuda de un retrato de su persona que mandó hacer el conde para que pudieran identificarle, fue aprehendido en Génova y, con el mayor secreto, devuelta la arquilla cerrada. Se dice, que sin ser abierta, el conde de Olivares y el rey la quemaron nada más recibirla.

Alfonso Paredes quedó preso en el Castel del Ovo donde no se le permitió escribir, ni revelar su procedencia, ni la causa de su venida y allí permaneció hasta su muerte. El poder del rey de España hizo que en Roma se olvidara, así mismo, la arqueta que nunca llegó.

Concluído el proceso sin mayor complicación para su real protagonista, el reinado de Felipe IV siguió su curso olvidando el enojoso asuntillo.

En cuanto al convento de San Plácido, se llevaron a cabo importantes reformas y las religiosas fueron ejemplo de santidad. Mientras, el reloj recuerda cada cuarto de hora esta historia con su tañido singular.

El retrato del rey

Otra leyenda, menos oscura, pero con el mismo protagonista, nos llega desde la plaza de Puerta Cerrada. Allí vivía una dama joven, llamada doña Laura, de cierta posición social y recientemente viuda de un indiano mucho mayor que ella. Felipe IV admiraba su belleza y era correspondido, por eso, cada noche acudía y, sigilosamente, se deslizaba hasta el portal de la dama.

La ley condenaba los amores ilícitos y al ser tan repetidas las visitas de un caballero, el alcalde que tutelaba el barrio decidió intervenir. Una noche, sabiendo que la pareja se encontraba junta, llegó hasta la casa con la intención de registrarla, la mujer, puede que tranquila al conocer la identidad de su huésped, le seguía en su minuciosa búsqueda por toda la casa. Al llegar a la habitación de Doña Laura, el teniente descubrió una cortina y preguntó qué había detrás, la dama le respondió que un retrato del rey a tamaño natural y le aconsejó no mirarlo dado su inmenso parecido y la importancia del retratado. El servidor real, quizás interesado en la obra, o más seguramente, sintiéndose burlado, descorrió la cortina y encontró al rey que no debía estar de muy buen humor. Inclinándose, el alcalde decidió retirarse no sin antes alabar el gran parecido del retrato con su majestad. Salió de la casa y siguió su ronda. No se conoce ninguna consecuencia de este hecho.

La Calderona

Aunque la asistencia del rey a los corrales de comedias no era aceptada oficialmente, toda la Corte conocía estas escapadas y las dejaba pasar considerándolas "falta leve". Incluso algunos corrales, como el de la Cruz, tenían un aposento destinado a tales visitas. Fue allí donde Felipe IV vio por primera vez a María Calderón, una actriz joven y bella que impresionó a un monarca veinteañero y con ganas de aventuras. El amor que surge entre ambos estará pronto en boca de todo el pueblo de Madrid, y comienza a nacer la leyenda.

Se habla del destierro del duque de Medina de las Torres, rival del rey en el corazón de la actriz, y del amor que, pese a las dificultades, se siguen profesando. Más tarde se le imputará al duque la paternidad del que se considera hijo bastardo del rey y que será educado con todos los honores: Juan de Austria. En los mentideros se cuenta que han sustituído, por orden del rey, al hijo que tuvo casi al tiempo la reina por el bastardo. Y otras fantasías creadas por un pueblo que busca, en las más altas esferas, temas de los que hablar .

Con un hijo reconocido más tarde por el monarca que alcanzará años después altos honores en la política, María decide entrar en un convento. El rey, aunque no muy de acuerdo, acepta su decisión, y la actriz se retira a un monasterio benedictino del valle de Utande lejos de los escenarios y lejos de la Corte.

El balcón de la Marizápalos

Antes de su retirada de la escena, una curiosa anécdota, que nos hace ver lo famoso del romance entre los habitantes de Madrid, tuvo lugar en pleno corazón de la Villa, en la plaza Mayor.

Con motivo de una fiesta en esta plaza, parece ser que ocupaba la Calderona un balcón distinguido. La reina, que no desconocía las andanzas de su marido y las sufría en silencio, consideró este hecho una afrenta inaceptable e hizo expulsar a su adversaria del balcón. Cuando este altercado llegó a oídos del rey, éste decidió dar a su amante un lugar propio para que contemplara desde allí los espectáculos cortesanos y le asignó un balcón de la plaza que el pueblo pronto empezó a llamar el "balcón de Marizápalos".

EN TIEMPOS DE ISABEL II

—"¡Vaya, la Cibeles estaba cubierta de hiedra!".

—"Claro, y fíjate en los caños, estos añadidos, ¿ves esa figura que parece un dragón?".

—"¡Qué curioso!".

—"Eran surtidores, porque antes la Cibeles no era sólo una fuente decorativa, allí iban los aguadores y los vecinos a llenar sus cántaros para llevarlos a su casa".

—"Bueno, Soledad, es una colección de postales impresionante".

—"¿Y sabes qué es esto?".

"Santaella de Isabel"

—"¡Claro! Ópera, pero hay algo raro...¡La estatua! ¡Ésa no es Isabel II!".

—"Pensaba que decías que había algo raro porque no había obras... Bromas aparte, tienes toda la razón. En un principio cuando se inauguró la estatua, el mismo día que lo hizo el Teatro de la Ópera, en 1850, la colocaron sobre un pedestal en medio del jardín inglés, aquí mismo.

La estatua de la joven reina, que fue modelada por Piquer, estuvo guardada en su taller hasta que don José Zaragoza decidió situarla en una plaza pública. En el Ayuntamiento no tenían dinero suficiente para sufragar el gasto así que recurrieron a don Manuel López Santaella, Comisario de Cruzada, para llevar a cabo el proyecto".

"Finalmente, el diez de octubre se colocó en la plaza que llevó su nombre. Esa misma noche y, haciéndose eco de los rumores que circulaban en la villa sobre los amoríos de la reina, alguien escribió en un pasquín sobre el pedestal:

> Santaella de Isabel
> costeó la estatua bella,
> y del vulgo el eco fiel,
> dice que no es santo él,
> ni tampoco santa ella".

"No se sabe si ésa fue la razón por la que se retiró la estatua o fue por lo impropio del pedestal, pero lo cierto es que así ocurrió, llevándosela al interior del teatro hasta 1905. Fue sustituída por una alegoría de la Comedia, que es la que ves aquí".

"Luego, hacia 1931, la escultura fue destruida, pero al acabar la guerra civil se reprodujo de nuevo, tomando como ejemplo la que existía de mármol en la Biblioteca Nacional".

La monja de las llagas

—"¡Tuvo una historia movida la estatua!".

—"Así es, pero no sólo la estatua sino también la propia reina Isabel. Su reinado estuvo lleno de convulsiones políticas, guerra y levantamientos militares hasta que en 1868 la revolución la obligó a marcharse a Francia".

—"Leí en algún sitio que estaba dominada por oscuras camarillas".

—"Sí, efectivamente, Isabel II estaba muy influida por una camarilla integrada por el padre Fulgencio, que era el confesor del rey consorte, Francisco de Asís, y por sor Patrocinio. Incluso, llegaron, con su poder, a derribar a Narváez, sustituyéndole por el conde Cleonard, cuyo gobierno duró escasamente un día, "el ministerio relámpago" se llamó".

—"¿Sor Patrocinio, 'la monja de las llagas'?".

—"Sí. Esta sor Patrocinio era, antes de meterse en la vida religiosa, María de los Dolores Rafaela Quiroga. Cuando era joven murió su padre, que había sufrido persecuciones por sus ideas liberales, y su madre decidió internarla en el convento de Santiago. Ya comenzaba a demostrar exaltaciones místicas cuando ingresó en el convento del Caballero de Gracia, donde tomó el hábito y el nombre de sor Patrocinio".

"A partir de entonces, sucedieron varios hechos inexplicables que la hicieron famosa: sus dones proféticos y la manifestación de cinco llagas abiertas sobrenaturalmente".

"Curiosamente sus predicciones se inclinaban a denigrar a los partidarios de doña Isabel y vanagloriar a los del príncipe don Carlos, alabando sus logros. Así, una vez, contó que, transportada milagrosamente por el demonio desde su celda hasta el camino de Aranjuez, había presenciado la perversidad de la regente María Cristina, y afirmaba que su hija no podría ser, por ello, buena reina".

"Estos comentarios eran conocidos en todo Madrid, pero el suceso que la hizo realmente famosa, fue la aparición en su persona de las llagas que evocaban la pasión de Cristo".

"Por este motivo, el juez Modesto Cortázar la procesó y fue sacada del convento para verificar si el hecho era en verdad sobrenatural. La visitaron varios médicos durante una temporada y se certificó que las úlceras eran curables y en todo naturales. Curada, fue desterrada a Talavera de la Reina, pero al cabo de unos años regresó a Madrid, acercándose a la corte y consiguiendo ejercer esa poderosa influencia sobre Isabel II, de la que te hablé".

—"¿Y pudo volver a la villa sin problemas?".

—"Sí, aunque, al principio, encontró algunos obstáculos como Narváez que intentó obligarla a marchar. Sin embargo, la atención que le dispensó el Papa en su viaje a Roma, aumentó su prestigio y, a su regreso, se hizo construir dos espléndidos conventos en La Granja y en Aranjuez. Luego, en 1868, al estallar la revolución tuvo que huir al extranjero, al igual que la reina. Fuera de España, sor Patrocinio vivió ya como seglar".

LOS AMORES DEL REY INTRUSO

—"Pepe Botellas,
baja al despacho.
—No puedo ahora,
que estoy borracho.
—Pepe Botellas,
no andas con tino.
—Es que ahora estoy
lleno de vino".

¿Era éste todo el respeto que inspiraba el rey José I, hermano de Napoleón Bonaparte e impuesto como monarca a los españoles por el mismísimo emperador de Francia?.

Puede que estas coplillas no sean sólo una falta de respeto y que representen el sentimiento de un pueblo que había salido a la calle para defenderse, siendo derrotado por todo un ejército que dominaba Europa. No pudieron las ganas, apoyadas con muy pocas armas, del dos de mayo terminar con el dominio francés y, a la espera de otra oportunidad, se utilizaba el ingenio para mantener la lucha, aunque no fuera en las calles. Quizás Napoleón Bonaparte pensara que aquí funcionaría el famoso refrán: "si no puedes con tu enemigo, únete a él", pero, si así fue, se equivocó, pues fueron muy pocos los que se decantaron por los franceses.

No dispensó el pueblo de Madrid al nuevo rey, José Bonaparte, el recibimiento que él esperaba. Para la mayor parte de los madrileños siempre fue un rey intruso que usurpaba el trono que correspondía a Fernando VII, conocido como "el deseado".

El monarca francés no escatimó esfuerzos para lograr, si no la confianza, al menos la simpatía de los españoles, en concreto de los madrileños. Pero lo único que consiguieron todos sus proyectos para mejorar la ciudad, fue el apodo de "Pepe Plazuelas".

Sabía José I que, a la más mínima oportunidad, los madrileños volverían a levantarse, y así se lo comunicaba continuamente a su hermano en sus cartas. Esta inseguridad en el trono, hizo que, sólo unos días después de su llegada a Madrid, al conocer la victoria del general Castaños sobre Dupont en Bailén, decidiera salir de España con toda su corte. Tuvo que ser el propio Napoleón quien le acompañara en su regreso, protegido por el ejército, hasta el Palacio Real.

Mientras tanto, los españoles no habían perdido el tiempo. Se celebró, de manera simbólica, la coronación de Fernando VII en palacio y se prepararon barricadas y fortines en lugares claves de la ciudad. Pero el ejército imperial estaba ya en Chamartín y no había defensa posible.

Reinstalado José I en el trono, se dedicó a disfrutar, en la medida de lo posible, de su corta estancia en España.

Se cuenta, que, además de amante de la buena mesa, aunque no bebedor, era muy aficionado el rey a las

mujeres. Se le conocen varias aventuras amorosas durante su reinado. Es su huida tras la derrota de Bailén,
conoció a Pilar Acedo, una dama residente en Vitoria,
ingeniosa y culta que se trasladará a Madrid, junto a su
marido, el marqués de Montehermoso, para estar cerca
del rey. El marqués será nombrado por José I gentilhombre de cámara y grande de España. Mientras tanto, su
mujer seguirá compartiendo su tiempo libre con el rey.

Pero el gran amor de José fue una dama cubana que
tenía fijada su residencia en Madrid, Teresa Montalvo,
viuda de un militar, el conde de Jaruco, inspector general
de tropas en Cuba.

Esta aristócrata, mucho más joven que la marquesa
de Montehermoso, era sobrina del ministro de la guerra
con Bonaparte, lo que le abre las puertas de palacio. Las
fiestas organizadas en su casa son famosas en la corte, en
una de ellas conoce a José, con el que pronto intimará.

El rey, comprará a Teresa una casa en la calle del
Clavel donde podrá visitarla con frecuencia. Es un palacete
con jardín en el que José olvidará durante cortos periodos
de tiempo, sus problemas políticos. Son estos los únicos
momentos tranquilos en su etapa como gobernante.

Pero la salud de la dama es frágil, todos los cuidados
de los médicos que José pone a su disposición, no son
suficientes y Teresa Montalvo muere.

Es enterrada en el cementerio del Norte. Al sepelio
acude toda la corte, pues era una mujer muy popular. El
rey no oculta ante los demás su tristeza y acompaña el
entierro en una carroza de cortinas enlutadas. No sale del
cementerio hasta que todos lo han abandonado.

Pero su intención no es dejar allí a Teresa y, esa
misma noche, manda a algunos hombres al cementerio

para que saquen el cadáver y lo lleven a una fosa en el jardín de la calle del Clavel. Allí una cruz sin nombre indicará el lugar donde está enterrada.

No mucho tiempo después, tendrá que salir José definitivamente de España. Le acompañará a París Pilar Acedo, pero, en la calle del Clavel, quedará Teresa, en el mismo jardín en el que José vivió sus pocos momentos alegres como rey de los españoles.

SANTAS
LEYENDAS

LA VIRGEN DE LA MURALLA

"Sobre una bella colina
cerca del Palacio Real,
se alza una obra divina
que ninguno la termina
siendo nuestra Catedral.
Hay quien le pide a su Santo
tal milagro realizar,
más a mí me causa llanto
y quisiera con mi canto
sus paredes elevar..."

Cantaba por primera vez, a ritmo de pasacalle, la famosa cupletista Olga Ramos, allá por el año 1988. Ahora la Virgen Santa María la Real de la Almudena, patrona de Madrid, ya tiene asiento en la catedral.

Una catedral amplia y diáfana que, a buen seguro, ha de deslumbrar a la imagen, viniendo de la barroca y oscura Colegiata de San Isidro. La acompañaron en su viaje el Santo Patrón y su esposa, Santa María de la Cabeza.

Cuenta la leyenda que la imagen de la Almudena fue traída por el Apóstol Santiago cuando vino a predicar a

España. Uno de sus discípulos, San Calocero, se encargó de depositarla en la Iglesia de Santa María, al comenzar su prédica en la Villa. La talla, realizada cuando aún vivía Nuestra Señora, por San Nicodemus, fue pintada por San Lucas y venerada por todos los madrileños desde comienzos de esta Era.

En el siglo VIII, comenzando el avance de los musulmanes, los cristianos madrileños la ocultaron en un cubo de la muralla temiendo que fuera profanada. La colocaron en el nicho con dos velas encendidas y, con sumo cuidado, volvieron a tapiar la muralla ocultando cualquier evidencia.

La imagen hubo de esperar hasta la llegada del reconquistador Alfonso VI para ver de nuevo la luz. El rey cristiano, que conocía por los madrileños la ocultación de la Imagen de la Virgen, prometió buscarla en cuanto se produjera la victoria sobre los musulmanes en Toledo.

En el año 1085 volvió el rey don Alfonso a Madrid, a cumplir su promesa. Organizó una magnífica procesión implorando la ayuda divina. Los rezos y plegarias debieron llegar a su destino pues, súbitamente, una parte del muro se abrió. Asombrados y agradecidos, todos los presentes se postraron de rodillas, el hueco de la muralla enmarcaba a la Santa Imagen que les miraba alumbrada por las dos velas que la acompañaron en su retiro.

Su nombre también encerró leyendas tan magníficas como ésta. Se dijo que el nombre de Almudena procedía del árabe, del vocablo *almut*, que quiere decir medida, y que, dentro de la vieja muralla, sólo quedaba del antiguo templo de Nuestra Señora de la Almudena, una figura de piedra "a manera de la medida que en castellano llamamos media hanega". También se habló de que junto al cubo de la muralla había una alhóndiga de trigo que los árabes llamaban almudén, dando origen al nombre.

Y así, siguiendo con esta asociación etimológica, nos encontramos que Lope de Vega, en el Cántico II de su poema La Virgen de la Almudena, nos dice:

> "Madrid, por tradición de sus mayores,
> busca su imagen con devota pena
> donde los africanos vencedores
> tenían de su trigo la almudena.
> El muro produciendo varias flores
> por los resquicios de la tierra amena,
> con letras de colores parecía
> que les mostraba el nombre de María".

En aquel lugar de la muralla en el que se cree que apareció la Santa Imagen, el ayuntamiento, para recordar a los madrileños esta tradición, colocó en un nicho una figura de piedra representando a la Virgen que era alumbrada por dos farolillos.

Sin embargo, remontándonos a la época de dominación musulmana, la historia nos habla de la alcazaba o sitio fuerte que comenzó siendo Madrid y del muro que la rodeaba. Este primitivo recinto amurallado se llamaba Almudena o Almudayna y pertenecía a la zona militar. En épocas posteriores, la villa fue creciendo con la Medina o zona civil y con los arrabales.

Es decir, la Iglesia de Santa María fue la primera iglesia de la ciudadela, de la Almudena. Estaba situada al final de la calle Mayor, frente a lo que hoy es Capitanía General. La humilde iglesia de Santa María sufrió varias remodelaciones hasta que en 1868 fue derribada para poder prolongar la calle de la Cuesta de la Vega y enlazar la calle Bailén con el Viaducto. Doce años después se aprobó el proyecto de la construcción de una iglesia catedralicia digna de alojar a la Patrona de Madrid, pero hasta 1993 no logró concluirse.

LAMENTOS EN SANTO DOMINGO

Entre Diego de León y General Oráa, se levanta el convento de Santo Domingo el Real, que debe su nombre al patriarca Santo Domingo de Guzmán quien, a comienzos del siglo XIII, promovió la fundación de su monasterio en tierras madrileñas. Su actual emplazamiento data de 1870 cuando se obligó a las monjas a abandonar el primitivo solar que se encontraba en la cima de la cuesta que lleva su nombre.

Fue en 1218 cuando se comenzó la construcción del monasterio, fundado por uno de los religiosos, fray Pedro Madín, que llegó a Madrid desde el convento de San Ramón de Tolosa. El concejo de Madrid puso a su disposición un terreno extramuros de la puerta de Valnadú, para que pudieran establecerse allí. Santo Domingo, tras su paso por Segovia, donde abrió el convento de Santa Cruz, participó, con sus propias manos, en la construcción del nuevo monasterio madrileño. Aunque, en un primer momento, fue fundado para religiosos, se destinó, después, a religiosas dominicas, que dedicaron la iglesia a Santo Domingo de Silos.

Los madrileños acogieron con agrado la nueva institución, colaborando con limosnas para su sostenimiento. Los monarcas prestaron, sucesivamente, protección al monasterio con donativos, pinturas y objetos de arte que sirvieron para su embellecimiento. Aún hoy se conserva, en una capilla del nuevo templo, uno de los objetos más preciados por su valor histórico y religioso, la pila en que, según la leyenda devocional, fue bautizado Santo Domingo. Esta pila pertenecía a la iglesia del castillo de los Guzmanes y fue Fernando el Santo el que la entregó al monasterio, después de la canonización de Santo Domingo de Guzmán.

Fernando IV dispensó al convento especial protección, otorgándole el título de real, y destinó la pila de mármol a servir en los bautizos reales, a cuyo fin se trasladó a distintos lugares de España cuando fue necesario. También vivieron y profesaron en esta casa algunas personas de sangre real y yacen aquí los restos del rey don Pedro de Castilla, los de su hijo el infante don Juan, y su nieta doña Constanza que fue priora del convento, y estuvieron los del príncipe don Carlos, hijo de Felipe II, antes de que fueran trasladados al Escorial.

Todavía en la época fundacional, se cuenta que el propio Santo Domingo, considerando la carencia de agua en aquel terreno alto y seco, abrió un pozo en la huerta que lo rodeaba. Desde el primer momento se le atribuyeron a las aguas que de él salían poderes milagrosos y fue un lugar de peregrinación común de los madrileños aquejados de cualquier dolencia. Actualmente, descansa, olvidado, con nuevo brocal en el número tres de la calle de Campomanes, en una casa particular.

A punto estuvo de desaparecer el convento con los disturbios ocurridos en el siglo XVI, en la guerra de las

Comunidades, mientras permanecían refugiadas en él varias señoras principales de la villa que temían por los motines.

Sin embargo, aún pudieron asistir sus muros a otro suceso incendiario. Don Lope Barrientos, obispo de Cuenca y fraile de Santo Domingo, siguiendo el mandato del rey don Juan II, quemó en el claustro los libros y manuscritos de ciencia, literatura y astronomía de don Enrique de Villena, maestre de Calatrava. Éste, acusado de hechicero, había fallecido unos días antes y considerando sus escritos heréticos fueron condenados a la hoguera.

Otro hecho singular ocurrió, también, en el convento de esta comunidad. Don Juan de Castilla, un noble caballero, que vivía con su esposa en una finca cercana al monasterio, se vio obligado a abandonar su casa durante unos meses para arreglar ciertos asuntos. Dejó a su mujer, que sufría de periódicos desmayos y estados de inconsciencia, al cuidado del servicio y de un joven médico. Pocos días después de su marcha, su esposa, María Cárdenas, sufrió una recaída que la obligó a permanecer en la cama. Las doncellas que la atendían pensaron, en un primer momento, que se debía a uno de aquellos desmayos frecuentes, pero como doña María no daba muestras de recobrar el sentido, acongojadas, avisaron al médico. Después del reconocimiento no le cupo dudas, doña María Cárdenas había muerto súbitamente.

Hubo de ser enterrada sin la presencia del marido, que había dispuesto, por si llegaba el caso, darle sepultura en una de las bóvedas de la capilla del monasterio de Santo Domingo.

Al día siguiente, las monjas, yendo a rezar maitines,

comenzaron a escuchar gemidos y lamentaciones que les alarmaron. No pudiendo explicarse la razón de aquellas voces que les parecía que llegaban de ultratumba, se reunieron y rezaron durante todo el día hasta que aquellas terribles quejas se silenciaron.

Pasaron unos meses más hasta que don Juan de Castilla pudo volver a Madrid. Lo primero que hizo fue acercarse a la bóveda del convento para rezar junto a la sepultura de su querida esposa. Pero cuando abrieron la puerta que sellaba la entrada enmudeció aterrorizado. La sepultura estaba abierta y el cuerpo de doña María permanecía inmóvil con la mortaja desgarrada, postrada de rodillas. ¡La habían enterrado viva!. Recibió, de nuevo, cristiana sepultura y don Juan de Castilla murió, poco más tarde, aquejado de la más horrible de las dolencias, el recuerdo de su esposa y su catalepsia.

LA PATRONA DE LA CORTE

Sale la imagen de Nuestra Señora de Atocha alzada por sus devotos feligreses hacia la avenida de la Ciudad de Barcelona. Le cubre el manto de terciopelo rojo y armiño, todo bordado de castillos y leones en oro, que suele lucir en ocasiones solemnes. Este bello manto se debe al regalo que le hizo Isabel II que, además, en 1848 se casó ante su imagen, de la que era gran devota, como lo fueron todos los monarcas españoles, desde Alfonso VI, que reconquistó la ciudad bajo su protección, hasta la actualidad, pasando por Felipe III que tomó formalmente el Patronato de Atocha por parte de la Casa Real.

Le acompaña en la procesión Santo Domingo de Guzmán, patrón de la Orden de Predicadores, talla de madera, que se debe a don Ramón Lapayesse, el mismo escultor que restauró la imagen de Nuestra Señora a la que la moda de vírgenes de "alcuza" del siglo XVII, que permitía cubrirlas con joyas y vestidos donados por nobles familias, la dañó enormemente al serle serradas las piernas para situarla en un bastidor y poder lucir estos ricos ropajes.

En la calle comienza a hacer frío, pero sus fieles

seguidores caminan junto a ella en su paseo por las calles del barrio, en este desapacible día de otoño.

La imagen de madera se nos muestra sentada en un trono, sobre sus rodillas, cogido con su brazo izquierdo, descansa el Niño, que nos bendice con los dedos índice y anular, y, con su mano derecha, sostiene la Virgen una manzana. De esta manera debieron verla nuestros antepasados madrileños en los primeros años de culto, pues así aparece dibujada en el arca de San Isidro, y así debió encontrarla en el siglo VIII el caballero cristiano Gracián Ramírez.

Este devoto de la Virgen de Atocha vivía en Madrid con su esposa y sus dos hijas, pero toda la familia tuvo que trasladarse a Rivas del Jarama durante el avance musulmán. Dice la tradición que, siempre fiel a Nuestra Señora se dirigió hacia la villa de Madrid con su familia para visitar a la Virgen en su ermita y, no encontrando la imagen en su lugar habitual, la buscó en las cercanías. Al fin la vieron escondida entre un campo de atochas y, pensando que quizás su antigua capilla era insegura, decidieron construirle una nueva para su cobijo.

Las luchas entre musulmanes y cristianos seguían y, en cierto momento, viendo que el ataque era intenso y pensando en el espanto de ver a sus hijas y a su mujer víctimas de los infieles y, tal vez, deshonradas, Gracián Ramírez decidió matarlas. Y allí mismo, con su propia espada degolló a las tres mujeres. Al darse cuenta de la atrocidad que había cometido, arrepentido y desconsolado, se fue hasta la ermita de Nuestra Señora de Atocha para pedir perdón. Sin embargo, al llegar, vio que la Virgen había obrado un gran milagro. Las dos hijas de Gracián Ramírez y su esposa, de rodillas, rezaban ante la

Santa Imagen y sólo les quedaba del recuerdo del suceso un hilillo rojo alrededor del cuello.

Este no es el único milagro, aunque sí uno de los más conocidos, otros dos nos cuenta Alfonso X en sus Cántigas, aquel en el que a un labrador le fueron cerradas las manos por no respetar la festividad del domingo hasta que se arrepintió y las pudo abrir, y el sucedido a un niño que, atragantado con una espiga y casi asfixiado, fuc salvado cuando su madre le condujo hasta la querida Virgen.

La leyenda de Gracián Ramírez viene a apoyar la opinión de que el origen del nombre de esta Virgen, se debe a los atochares que había en los arrabales, donde se encontró la Imagen, que había sido escondida allí por temor a la invasión musulmana. Otra tradición nos habla de su origen apostólico, al ser los discípulos de San Pedro los que trajeron la imagen desde Antioquía y su culto a Madrid. De este modo, su nombre sería la consecuencia de la corrupción de la palabra Antioquía, que, del latín Antiochia, el pueblo transformó en Antiocha y quedó, finalmente, en Atocha. Un tercer origen del nombre apunta hacia el término griego Teotokos, Madre de Dios, que tenía grabado en el manto y cuya evolución: TeotoKa - Toca - Tocha dio el de Atocha.

Aparte de estas leyendas y tradiciones, el culto a Nuestra Señora de Atocha viene de antiguo y ya en el siglo XI se cita su templo, que antes estuvo en la vega madrileña, en el denominado Santiago el Verde, siendo después trasladada hasta el lugar donde hoy sc encuentra. En una ocasión alojaron su imagen las monjas franciscanas-clarisas en su convento de las Descalzas Reales, cuando los franceses bonapartistas convirtieron el templo en cuartel de caballería.

Con la regencia de María Cristina se ordenó la demolición de la iglesia, que se encontraba muy deteriorada, y se aprobó la construcción de un nuevo templo que quedó paralizada por falta de recursos. Mientras, la imagen fue venerada en el Buen Suceso hasta el año 1926. La nueva construcción se terminó de edificar en 1951 y, desde entonces, muchos madrileños acuden a rezar ante la patrona de la Corte, que no de la Villa, honor que le corresponde a Santa María Real de la Almudena.

SAN ANTONIO, EL GUINDERO

Venía un hortelano a lomos de su burro desde la vega, subiendo por la cuesta del mismo nombre para entrar en Madrid. Ya estaba clareando y el hombre azotaba al animal pidiéndole un último esfuerzo, pero el camino era empinado y la carga pesada, pues transportaba, además de a su dueño, el fruto de la cosecha: dos enormes serones repletos de guindas maduras que el agricultor llevaba al mercado.

El labrador oyó el trote de un caballo que se acercaba por detrás y que no tardó en pasar veloz casi rozándole. El burro se asustó y coceó y el labriego se vio en el suelo casi sin saber cómo. Apretó con furia la vara que conservaba aún en su mano y arremetió contra el animal que se había parado algo más arriba del camino, pero los golpes no hicieron mas que enervar más aún a la bestia, que coceaba girando sobre sí misma, esparciendo sobre la arena toda la fruta y provocando la ira del amo que manejaba con rabia la vara pisoteando las guindas.

El hortelano apartó los ojos del burro y se fijó en la alfombra roja que se había extendido en el camino y, desesperado, cayó al suelo llorando. Entre sollozos pedía la ayuda de San Antonio del que era muy devoto y, al levantar la vista, encontró a un fraile joven y sonriente que se acercaba mirándole. Cuando llegó hasta él, se paró y le preguntó si necesitaba ayuda, el hortelano le dijo que su mal ya no tenía remedio, todo su trabajo de meses estaba esparcido y pisoteado. Pero el religioso, sin perder el ánimo, le propuso que recogieran las guindas aprovechables, pues nada perderían con ello. Se pusieron los dos a trabajar agachados cada uno con un serón, mientras el burro les miraba ya más tranquilo.

Aún no se veía el sol sobre Madrid cuando terminaron, el labrador no podía creerlo, las alforjas llenas sobre el animal y las guindas rojas y relucientes, como recién cosechadas. Agradecido, se volvió al fraile y le ofreció unos puñados de fruta. Éste le pidió que se los llevara más tarde a la iglesia de San Nicolás pues allí se encontraría. Se despidieron y partió el hortelano hacia el mercado deseando terminar pronto y acudir a cumplir su promesa.

Unas horas después, con las ganancias en el bolsillo y un serón casi lleno de guindas, acudió a su cita. Encontró la iglesia vacía y se arrodilló para rezar esperando ver aparecer al que le había ayudado. No tardó en encontrarle, pero no de pie ante él, sino pintado en lo alto del altar con la misma sonrisa jovial que tenía unas horas antes. Dejó las guindas a sus pies y corrió a proclamar el milagro. Desde entonces esa imagen de San Antonio es conocida con el sobrenombre de "el Guindero" y aún se puede venerar en la iglesia de Santa Cruz.

LOS CÓMICOS YA TIENEN PATRONA

El barrio de Huertas, el barrio de Cervantes, de Lope, de Quevedo, de Moratín, el barrio de comediantes, escritores y autores, el barrio literario y bohemio recoge en su memoria los ecos del Mentidero de representantes. Aquel punto de reunión que acogía, en la calle León, a actores, autores y aficionados al teatro. En sus proximidades, en la calle del Príncipe, los corrales de comedias de la Pacheca y de Burguillos recibían a los amantes del género. Entonces, como ahora, a la salida de la representación se oían los comentarios de la "crítica" popular.

Pero paseando por las calles, que nos recuerdan con sus nombres el dorado pasado literario, encontramos también una de las leyendas religiosas más bellas de la tradición madrileña.

En la calle León esquina con la de Santa María vivía, junto con su mujer, doña María del Haro, un caballero florentino llamado don Carlos Beluti. El piadoso matrimonio decidió construir un nicho en la esquina de su casa y colocar en él un retablo de la Virgen. En 1615 se instaló definitivamente la pintura, que representaba a Nuestra Señora, con el Niño Jesús dormido sobre sus piernas, a

San José y a San Juan, que, con un gesto, rogaba que se mantuviera silencio para no despertar al Niño.

El barrio acogió con alegría la Imagen y, en seguida, le tomó cariño y la bautizaron como la Virgen del Silencio. Sin embargo, pasados unos años, la Imagen sufrió el ataque de una mano sacrílega que la dañó con un puñal irreparablemente.

Los donantes, que ya habían muerto cuando esto ocurría en marzo de 1623, tenían un hijo, Pedro que, apesadumbrado por el ultraje, decidió colocar una nueva pintura en el mismo sitio que lo había hecho su padre.

Nuevamente fue acuchillado el retablo, mas de nuevo, don Pedro Beluti encargó otra imagen igual a las anteriores. El día en que el retablo retornó a su nicho se celebraron en el barrio misas y actos solemnes, haciendo patente la veneración que le profesaban todos los vecinos.

Catalina Flores una joven criada de los famosos actores Bartolomé de Robles y Mariana Valera, se casó, por aquel tiempo, con un buhonero de nombre Lázaro Ramírez. Yendo de un sitio a otro, acompañando a su marido en su oficio, sufrió a causa de un mal parto una enfermedad que la dejó tullida. Su dolencia la obligó a permanecer en Madrid, pidiendo limosna para sobrevivir, mientras unas pesadas muletas de madera la sujetaban en su mendigar.

Un día, sus antiguos amos la reconocieron y le prestaron su ayuda. Les pidió que se hicieran cargo de sus dos hijas que eran aún muy niñas, lo que, efectivamente, hicieron, llegando a ser una de ellas una importante actriz. Sin embargo, Catalina permaneció en la calle, junto a la Virgen del Silencio, de la que era muy devota, confiando en su ayuda y protección.

Decidió, en una ocasión, comenzar una novena a su querida Virgen. Llegó el último día, el quince de julio de 1624, y se quedó dormida al pie de la Imagen. Cuando despertó no podía creerlo, se había curado completamente, andaba sin muletas, estaba recuperada.

Al momento, la noticia recorrió el barrio. Las muletas ya estaban colgadas testimoniando su curación y muy pronto toda la pared estuvo cubierta de exvotos de sus fieles. La milagrosa Imagen curó con su poder a muchos otros enfermos, incluidos a nobles famosos como al conde de Cantillana o la condesa de Chinchón, y así se declara en unos documentos testificales abiertos por la Nunciatura de Madrid donde se enumeran los numerosos milagros. Uno que sanó de una estocada que le dieron en la garganta, con el aceite de la lámpara que alumbraba a la Virgen, otra que, a causa de un mal parto, no tenía leche para criar a su hijo y que, tras rezarla, tenía los pechos llenos, otro que, habiéndose roto la pierna, quiso arrodillarse ante su Imagen y se hincó ya sanado,...

Un siglo después, una actriz que se llamaba como aquella desgraciada tullida de nuestra historia, Catalina Flores, vivió en el barrio y, así comenzaron muchos poetas a confundir el origen de la protagonista de aquel suceso que se recordó en versos y narraciones.

> "Dos siglos ha que, postrada,
> sufría con fe serena,
> paralítica, baldada,
> bella cual la Magdalena.
> Calle de Santa María,
> esquina a la de León,
> entonces un retablo había.

que justamente caía
enfrente de su balcón.
Desde que el alba apuntaba,
la enferma, ahogando el dolor,
mirando aquel cuadro, oraba,
y a la Virgen demandaba.
Su gloria estaba perdida;
la Escena eran sus amores;
renombrada y aplaudida,
¡el Teatro era la vida
para Catalina Flores!"

Sea una u otra la que se vio favorecida por la actuación divina, la repercusión del suceso fue tal que en julio de 1624 solicitaban los vecinos que la Imagen fuera trasladada a la parroquia de San Sebastián, en la calle Atocha, para que tuviera un digno entorno y evitar problemas en la vía publica a causa del gran número de personas que le rendían culto. Enviaron el escrito a las autoridades con las firmas incluidas de Juan Ruiz de Alarcón y Lope de Vega Carpio.

Años mas tarde, en 1631, se fundó una congregación que nombró como su patrona a la Virgen de la Novena, nombre por el que comenzó a conocerse a la Virgen del Silencio en recuerdo de aquel primer prodigio que realizó. En ella, sólo podían ingresar cómicos que actuaran en Madrid y su comarca. Esta Cofradía del Gremio de Representantes se mantuvo ofreciendo no sólo apoyo espiritual, sino también físico, ya que en tiempos de Carlos III se obtuvo el permiso para fundar una casa-hospital que se levantó en un lugar cercano, en la travesía del Fúcar. Entre sus actividades, se encontraban la de velar por la salud de sus integrantes, la de dar pensiones a los actores que se retiraban y la de sepultarlos. También acordaron construir una capilla para su Patrona en la iglesia de San Sebastián, que debía tener siempre dos velas encendidas ante Ella, y una bóveda para enterrar a los cofrades. Esta Cofradía aún sigue existiendo en la actualidad.

La parroquia de San Sebastián con su Imagen de la Virgen del Silencio o de la Novena es, sin duda, una de las que guarda una historia y una leyenda más ricas, relacionadas con los escritores y actores más insignes de nuestras letras.

Casas de Leyenda

LA DAMA DE LA CASA DE LAS SIETE CHIMENEAS

Quedan en la actual plaza del Rey ecos de óperas y zarzuelas salidos del Teatro del Circo, rugidos de leones y carcajadas del desaparecido Price y, sobre todo, lamentos de la misteriosa dama que vivió en la Casa de las Siete Chimeneas.

En los llamados "baldíos de Barquillo", en las afueras de la Villa, donde se juntaban huertas, olivares y eriales, se levantó este magnífico palacio en el siglo XVI, todo rodeado de jardines. En él destacaban, especialmente, sus siete chimeneas, que servían de respiraderos o tiros a los siete salones principales de la casa.

Cuentan que en época de Felipe II vivía allí una hermosa dama, protegida del rey. Todas las noches la joven recibía la visita de un noble caballero vinculado estrechamente a la Corte. El rey, viéndose implicado en murmuraciones sobre estas continuas citas, y resuelto a acallarlas, le concertó una boda con un oficial de la Armada, el capitán Zapata. El casamiento se celebró de manera suntuosa en el convento de San Martín, siendo padrino el propio monarca, y entre los numerosos regalos que recibieron destacaba el entregado por Felipe II, siete arras de oro, símbolo, parece ser, de los siete pecados capitales y que avisaban a la joven esposa de la desgracia a la que se exponía si incurría en ellos.

Los meses fueron pasando tranquila y felizmente sin conocerse nunca ninguna desavenencia, hasta que, antes de cumplirse el año de matrimonio el capitán fue requerido para ir a la guerra de Flandes. A los pocos días de estar allí, murió como consecuencia de las heridas sufridas en el campo de batalla. La noticia llegó a Madrid y su viuda siguió llevando una vida discreta y solitaria, o al menos, así se pensaba. Por eso cuando unos meses más tarde apareció en su casa, víctima de una muerte violenta, nadie supo dar una explicación a los hechos, ni se averiguó nunca quién fue el autor del crimen.

La superstición dejó la casa deshabitada durante muchos años y comenzó la leyenda. Un rumor se expandió por la villa, en la noche y respondiendo al toque de ánimas la imagen de una misteriosa mujer, envuelta en veladuras blancas aparecía en el tejado de la casa, deambulaba entre las chimeneas, dirigiendo sus pasos y sus ojos siempre al oeste, hacia el antiguo Alcázar.

Olvidada la historia, la casa pasó a ser residencia de varios embajadores y en 1766, del valido de Carlos III, el marqués de Esquilache. Ese mismo año sufrió el asalto de los madrileños amotinados contra el ministro por la prohibición del uso de capa larga y chambergo.

Ya en el siglo XIX, al efectuar unas reformas en el edificio para instalar el Banco de Castilla, se encontraron en los sótanos un esqueleto de mujer y unas monedas del siglo XVI. Este macabro hallazgo despertó de nuevo el recuerdo de la favorita del rey y de su trágica muerte e, impulsado por el relato del cronista Ricardo Sepúlveda y por el gusto popular al misterio y la magia de la leyenda, llega hasta nosotros.

LA CASA DE LOS DUENDES

Son los duendes , gnomos y hadas misteriosos, pequeños y simpáticos personajes que pueblan los jardines y los bosques de todo el mundo, sin embargo, cuentan que en Madrid unos pequeños duendes habitaron una casa en las cercanías de la calle de la Princesa. Numerosos testigos se vieron sorprendidos por estos personajillos, que entraron a formar parte de la leyenda de Madrid en torno al siglo XVIII.

La Casa del Duende, nombre por el que todos conocían la mansión situada en la actual calle Conde Duque esquina con la del Duque de Liria , era escenario todas las noches de reuniones clandestinas y privadas donde hombres embozados apostaban grandes sumas de dinero en juegos de cartas. La planta baja de este edificio, apartado del corazón de la villa y anejo al terreno del palacio del conde-duque y del Seminario de nobles, era cobijo de estos tahures amigos de disputas y bullicios.

Una noche estalló una de estas peleas formándose un alboroto mayor de lo acostumbrado. De repente, se abrió la puerta de la sala y un pequeño hombrecillo impuso silencio, clamando con una voz profunda y grave. Todos callaron de inmediato y se quedaron mirando a aquel personaje que se encontraba en mitad de la habitación. Nadie podía entender cómo había entrado, pues sólo tras una señal concertada se podía acceder al discreto local.

Una vez pasada la sorpresa, la riña y la algazara prosiguió, pero no había transcurrido ni un minuto cuando una docena de enanos armados irrumpieron en la sala apagando las luces y golpeando a los presentes hasta hacerlos marchar. No creo que sea necesario decir que ya no volvieron a reunirse más aquí estos caballeros y la casa fue cerrada.

Pasaron unos años y, aunque aún se seguía hablando del extraño suceso que allí había ocurrido —también se comentaba que nada de eso hubiera pasado si las personas que la habitaban hubieran sido personas de bien—, la casa fue comprada por una noble señora, doña Rosario de Venegas y Valenzuela, marquesa de las Hormazas.

Ella misma se dedicó a decorarla, transformando su siniestro y triste interior tras años de abandono en una acogedora estancia. Quedaban únicamente algunos detalles para terminar de adornar el oratorio, una imagen del Niño Jesús y un cortinaje, cuando unos duendes aparecieron con ello entre sus brazos. La marquesa no vio más, asustada llamó a su mayordomo y se desmayó. Se despertó cuando su confesor, el doctor D. Martín Vaz, que había sido avisado por otro pequeño hombrecillo, llegó a la casa. La marquesa no salía de su asombro y, aterrada por las posibles nuevas apariciones, decidió dejar la casa.

Que la vivienda estaba encantada ya no era secreto para nadie y por ello volvió a quedar deshabitada hasta que un canónigo de Jaén, D. Melchor de Avellaneda decidió establecer aquí su residencia. No era un hombre

supersticioso y no parecía creer lo que todos le asegura-
ban hasta que un buen día, mientras escribía al obispo de
su diócesis que no podría mandarle uno de los libros que
le solicitaba por encontrarse en el convento de San
Joaquín, apareció por la puerta de la sala uno de los
duendes con el libro que precisaba en sus manos. No
quiso amilanarse por lo sucedido el canónigo, sin embargo, las apariciones se sucedieron y su voluntad fue
vencida por la evidencia por lo que decidió marcharse a
otro lugar más tranquilo.

Mientras el canónigo vivió en el casón no fue el único
testigo de la presencia de los duendes. Jerónima Perrín,
una lavandera, que vivía en la buhardilla, viendo que una
gran tormenta se avecinaba salió de madrugada a por la
ropa que había dejado en una casilla del margen del
Manzanares, temiendo que una crecida del río arrastrara
lo que había en su orilla. Estaba ya en el umbral cuando
vio aparecer a un hombrecillo con la ropa que ella misma
había dejado el día anterior en su casilla y, sin recoger si
quiera las prendas que le tendía el gentil enano, abandonó
la casa.

El temor provocado por los duendes hizo que se
organizara una procesión ante la casa, que fue rociada
con agua bendita por el obispo de Segovia. Se llamó a los
duendes para que salieran de la casa y al no obtener
respuesta, los vecinos de la villa la saquearon y la
prendieron fuego. Años después, una mañana de diciembre, cuando sólo quedaban escombros se vio salir, por
una trampilla muy disimulada que había en el piso bajo,
a nueve enanos que no eran otra cosa que falsificadores
de moneda.

LA CASA DEL MILAGRO O DE LA CRUZ DE PALO

En noches de luna, jóvenes donjuanes pasan aceleradamente por la calle Sacramento, han oído hablar de una bella embaucadora que enamora a muchachos sentimentales y que deja en sus corazones, tras una cálida noche de amor, el frío espanto de la muerte.

Recuerdan, tal vez, al capitán Echenique de las Reales Guardias Walonas de Corps del Rey Felipe V, un apuesto caballero que quedó prendado de la hermosura de la dama.

Es una noche del invierno de 1745, don Juan de Echenique atraviesa la calle de Sacramento, en aquel tiempo de Santa María, cuando sobre el eco del ruido de sus botas en el empedrado, escucha una voz dulce de mujer que le invita a subir a su casa. El capitán no quiere desaprovechar la oportunidad y, sin pensarlo dos veces, olvida su destino anterior y sube respondiendo a la prometedora insinuación

No podía haber imaginado don Juan una noche más grata cuando las campanas le recuerdan que llega la hora de marchar a Palacio. El relevo de la Guardia esta

próximo y el capitán abandona, no sin pesar, la casa de
la singular dama. Con las prisas olvida el espadín y,
retrocediendo sobre sus pasos regresa a la casa. Llama
con premura a la puerta pero no recibe ninguna respuesta.
Vuelve a dar unos aldabonazos que resuenan en la
estrecha calle vacía. Nadie contesta y, cada vez más
impaciente, vuelve a llamar.

Un vecino de la zona le escucha y se acerca hasta él
extrañado ante la insistencia. Don Juan da unos pasos
atrás para mirar el balcón y vuelve a avanzar hasta la
puerta. El vecino decide intervenir y se dirige al joven
guardia para advertirle de la inutilidad de sus llamadas ya
que nadie ha habitado la casa desde hace más de cuarenta
años. Don Juan, confundido, pero seguro de reconocer la
casa, le contesta que la noche anterior estuvo allí y que
dejó olvidado su espadín. El hombre le asegura su versión
y ante la incredulidad del capitán comprende que es
imposible convencerle sin abrir la puerta. Corre a su casa
en busca de la llave ya que él ha sido el encargado de
guardarla los últimos cuarenta años. La cerradura, inuti-
lizada tanto tiempo, no se abre fácilmente lo que descon-
cierta cada vez más a don Juan. Por fin cede y la puerta
se abre chirriando.

La sobrecogedora visión que allí se le presenta le
hace palidecer de horror, las mismas alfombras que
durante la noche recubrían elegantemente los suelos
aparecen carcomidas, los muebles cubiertos de polvo y
las pesadas cortinas desgarradas. A tientas y con los
músculos encogidos avanza hacia la habitación que, sólo
unos minutos antes, acogiera su amor. Su mano tembló-
rosa llega hasta el pomo de la puerta haciéndolo caer al
primer contacto. El cuarto, antes iluminado y cálido se le

aparece ahora oscuro y desolado por el paso del tiempo.

La escena no deja dudas sobre los años que hace que nadie entra en la casa, sin embargo, sobre una silla, al lado de la cama, ve algo que le hace estremecer, un objeto brillante que no parece pertenecer al mundo que le rodea, es el espadín que había dejado olvidado. Don Juan, paralizado, mira a su acompañante que ha avanzado hasta él y los dos, después de un momento de duda, recuperan el arma y corren hasta encontrarse en la calle ya iluminada por el sol.

Este espadín sirvió de advertencia y exvoto en la Iglesia de San Sebastián, en la capilla de los Guardias de Corps, pues poco después del suceso, don Juan Echenique profesó en la Orden franciscana

Pero no es ésta la única leyenda que encierra la casa pues, se cuenta, que durante un tiempo, vivieron aquí un noble musulmán y su bella esposa. Se dice que ésta tenía por amante a un caballero español, que la visitaba aprovechando las prolongadas ausencias de su marido. Un día desapareció el caballero sin dejar rastro y, aunque algunos quisieron ver detrás una advertencia del marido celoso, nunca llegaron a confirmarse los rumores.

Años después, murió el musulmán y su mujer pudo comprender lo ocurrido cuando encontró en el tejado de su casa la tumba del que había sido su amante. Supo que su marido le había sorprendido una noche cuando salía de la casa y, al descubrir la traición, le había asesinado, escondiendo su cuerpo en aquel lugar. Se convirtió la dama al cristianismo e hizo instalar una cruz de palo en el tejado, donde habían reposado los restos de su amante.

LA CASA DEL PASTOR

No podemos ni queremos olvidar en este recorrido por las casas legendarias de Madrid una de las más famosas, la Casa del Pastor. Derruida en los años setenta a causa de su mala conservación sólo podemos imaginar un aspecto sobrio para esta casa del linde oeste del viejo Madrid.

Cuenta la tradición, que en la calle Segovia vivía un arcediano honesto y bonachón, que pasaba sus días dedicado por entero al servicio de Dios y de sus hijos. Los años de trabajo y dedicación se sumaban en su cuerpo y, una tarde, falto de fuerza pensó que su hora había llegado. Llamó a un escribano para hacer testamento y disponer el reparto de sus pertenencias entre los necesitados, hospitales y asilos de la zona. Cuando llegó al punto de decidir qué haría con la casa en la que vivía, escribió una nota de su puño y letra y, una vez lacrada, se la entregó al escribano haciéndole prometer que sólo sería abierta en el momento que él muriera. Al día siguiente a estas previsiones el buen diácono don José dio su último suspiro, según dicen, con una tranquila y satisfecha sonrisa en su rostro.

El señor escribano, junto con los albaceas, siguiendo las instrucciones y la petición del religioso, dio a conocer su última voluntad y abrió el pliego donde se leía que la propiedad sería heredada por la primera persona que entrara en Madrid por la Puerta de la Vega en el amanecer de su muerte.

Los albaceas se dirigieron a esta Puerta, entrada de la Villa desde el camino de Segovia, antes de amanecida y esperaron pacientemente hasta que apareció la primera persona que la franqueó. El joven pastor, que iba como otras mañanas a entrar a la Villa, no daba crédito a sus oídos mientras no dejaba de echar el ojo a sus cabras que, con el jaleo, se le habían dispersado. A partir de ese momento la casa de la calle de Segovia fue conocida como la Casa del Pastor en recuerdo de esta historia. No queda ahí la curiosa tradición del casón pues se dice, que aquí se reunían en el pasado los miembros del Concejo de Madrid, aunque han resultado vanos los intentos de confirmarlo.

LUGARES
LEGENDARIOS

LA PLAZA MAYOR

En una terraza de la Plaza Mayor, aprovechando los últimos minutos de sol de una tarde de primavera y escuchando la música suave que interpretan sólo un poco más allá, se pueden contemplar las pinturas de la casa de Panadería que, a estas horas, lucen sus colores más brillantes. Felipe III, en el centro sobre su pedestal, no ha podido elegir un lugar mejor para seguir participando en la historia de la que fue su Corte.

Alguien me contó que una noche volvía tarde a casa, había niebla y, en la plaza, sólo distinguió a un par de camareros que salían de su trabajo y a un hombre que, envuelto en una capa, paseaba a su perro. No se oía ningún ruido, cuando le pareció escuchar un sonido muy lejano. No pudo distinguir su procedencia, pero me habló de una mezcla de aplausos, música, lamentos, gritos... Quizás, voces de otros tiempos que no se quieren marchar y se esconden entre el bullicio habitual del día, pero que en el silencio de la noche, llegan aún al que se para a escucharlas.

Y es que por esta plaza ha pasado la Historia. En los cambios políticos, su nombre se utilizó como símbolo, cambiándose cada vez que variaba el signo de los que se encontraban en ese momento en el poder.

En un principio, se la conocía como Plaza Mayor. Así fue hasta que en 1812, promulgada la constitución de Cádiz, se colocó sobre el balcón de la Panadería una lápida con la inscripción Plaza de la Constitución, sólo dos años después, en 1814 se arrancó la placa y se puso en su lugar, para recibir a Fernando VII, otra con el nombre de Plaza Real.

En 1820, con el resurgir del liberalismo, se llamó de nuevo Plaza de la Constitución. Sirvió sólo dos años después como campo de batalla para las luchas entre la Milicia nacional y la Guardia real pudiendo contemplar la derrota de la última.

En 1823, tras la entrada del duque de Angulema y del ejército francés se retiró de nuevo la placa para sustituirla por otra con la inscripción Plaza Real. En 1835, tras el motín del conde de Toreno se volvió a derribar la lápida y a colocar una que decía Plaza de la Constitución. En 1873 se llamó Plaza de la República y, poco más tarde, se añadió a este nombre el de federal. Al año siguiente volvió a ser la Plaza de la Constitución. Finalmente, volvió a su nombre original y, con él, la conocemos hoy.

Isidro ya es Santo

Ha sido esta plaza escenario de grandes momentos de la ciudad, como la gran celebración del quince de mayo de 1620 con motivo de la beatificación de San Isidro Labrador. Fueron muchos los actos que, durante varios días, ocuparon la plaza, entre ellos hubo danzas, máscaras, juegos y un certamen poético que contó con la participación, como secretario, de Lope de Vega.

Sólo dos años después también se celebraron aquí los actos que conmemoraron la canonización del Santo junto a San Ignacio de Loyola, San Francisco Javier, Santa Teresa de Jesús y San Felipe Neri, representándose dos comedias de Lope de Vega que tenían como argumento pasajes de la vida del Santo Patrón.

La majestuosa pompa de los autos de fe

Dejando por un momento la fiesta, aunque no las grandes ceremonias, otros acontecimientos celebrados muchas veces en este recinto eran los autos de fe. El primero tuvo lugar el 21 de enero de 1624, para juzgar al reo Benito Ferrer, por fingirse sacerdote. Consejos y autoridades presenciaron la ceremonia en la que el reo fue quemado vivo en el brasero que había fuera de la puerta de Fuencarral. En 1680 tuvo lugar otro auto de fe, el más prolongado y tremendo de los que se han celebrado en la plaza, reuniéronse aquí tribunales de varias ciudades de España para juzgar a ciento dieciocho reos, al acontecimiento asistieron el rey Carlos II y la reina.

Se celebró el 30 de junio este "auto general de fe con aquella debida majestuosa pompa y reverente culto que pedía, así lo soberano del empeño como el ardiente celo de la religión española, y en especial de sus catolicísimos reyes, celadores en todos tiempos de los mayores lustres y pureza de los dogmas católicos".

La preparación de la ceremonia fue laboriosa teniéndose que formar comisiones con encargos precisos. Había que ocuparse de los vestidos de los reos, de los hábitos penitenciales, de velas y varillas para la absolución y otros muchos detalles. Tampoco se podía olvidar que la asistencia al teatro sería masiva y, dada la duración del acto, había que preparar comida y refrescos para los asistentes.

Se construyó un teatro con una planta de ciento noventa pies de largo y cien de ancho, situado a trece pies del suelo. Encima de esta plataforma se ubicaron las gradas. Para defender el recinto del calor del mes de junio se cubrió con toldos la totalidad del espacio, con un mecanismo que permitía moverlos cuando se quitara el sol. La decoración fue suntuosa, colgándose vistosas alfombras y adornos por la parte del teatro.

Los reyes contaban con un balcón especial fuera del escenario, aunque estaba comunicado con éste por una escalerilla construída para la ocasión.

Comenzó el auto a las siete de la mañana y ya había anochecido cuando terminaron el juramento, el sermón, la lectura de las causas y sentencias y el desfile de los reos. Una de las sentencias rezaba:

"Manuel Diaz Sardo, por otro nombre Manuel Enríquez, por otro don Antonio Correa, natural de la villa de Estremoz, reino de Portugal, vecino de Burdeos, y residente en esta córte, de edad de treinta años, judaizante, confidente, estafador á portugueses de la nacion, salió al auto en forma de penitente con sambenito, y se leyó su sentencia con méritos: abjuró sus erróres, y fue reconciliado en forma, con confiscacion de bienes (que no tuvo) hábito y cárcel perpetua irremisible, y prohibido de tratar con portugueses de la nacion, y fue desterrado á las Galeras de S.M., al remo y sin sueldo por cinco años, y mandado que cumplidos, sea reducido á la cárcel de la penitencia del santo oficio, donde resuma el sambenito y cumpla con el tenor de su sentencia, y no se le impuso mayor pena por haber sido condenado por la justicia real en doscientos azotes (que se egecutaron) y diez años de Galeras".

Otros no tuvieron tanta suerte, ya que veintiuno de ellos fueron condenados a ser quemados vivos.

Los milagros de Nuestra Señora de la Soledad

Otras veces la tragedia y la muerte vinieron por causas incontrolables, como el fuego que ha destruido la plaza varias veces y, otras tantas, ha tenido que ser levantada por los madrileños que nunca han querido renunciar a este espacio.

El primer incendio se produjo en 1631. Fue tan grande y tan difícil de controlar que hubo que recurrir a medios divinos para acabar con él. Una crónica de 1640 atribuye su origen a causas diabólicas:

"Fue pues el caso que Lunes a las dos de la mañana, a siete dias del mes de julio del año de 1631, se encendio un fuego por dos partes en la dicha plaça, en el lienço donde estàn las carnicerias mayores, cuyos incendiarios no se pudieron conocer, ni averiguar quien fuesse el autor de tal desastre, que fue tal que muchos tuvieron por cierto averlo causado no uno, sino muchos demonios, y no faltò quien afirmò aver tenido desto cierta, y verdadera revelacion, y que oyeron sus vozes junto a la Puente de Toledo unos labradores, que no les causò pequeño temor, ello en fin se dixo assi, la verdad Dios la sabe...".

El incendio se extendió rápidamente, todo era confusión, hablaban de fuerzas infernales que atizaban el fuego, la gente salía de sus casas dejando tras de sí todas sus pertenencias. Otros buscaban entre la multitud a sus familias. Todo eran llantos y lamentos. Nadie encontraba un método seguro para acabar con el fuego. Faltaban medios humanos y se recurrió a los divinos con la celeridad que pedía el riesgo.

Con gran veneración, se llevó hasta la plaza el Santísimo Sacramento de tres parroquias vecinas: la de Santa Cruz, la de San Ginés y la de San Miguel. Se levantaron altares en los balcones más alejados del fuego y se decían misas y letanías en diferentes partes de la plaza.

Cada congregación traía de sus conventos las imágenes consideradas más milagrosas ante las que se rezaba con devoción pidiendo el final del fuego. Nuestra Señora de los Dolores, del Rosario, de la Merced, de los Remedios, de Atocha, de la Soledad y de la Almudena fueron llegando en procesión y colocadas con ceremonia pero con urgencia, en los altares. Se trasladó también el cuerpo de San Isidro desde la Iglesia de San Andrés buscando el milagro del patrono.

En medio de la confusión se cuenta que se produjo un primer milagro. En una de las casas, cerca de la calle Toledo, ardían todas las plantas menos la tercera que permanecía libre del fuego, la gente lo contemplaba desde la calle maravillada y atribuyó el milagro a una imagen de un Cristo crucificado y a otra de la Inmaculada Concepción de Nuestra Señora. Cayó la casa, pero se pudieron salvar las imágenes y parte de la hacienda, quedando el piso menos malparado que otros.

Las imágenes volvieron a sus iglesias quedando la de

la Virgen de la Soledad que se colocó ante la casa de Panadería, bajo el balcón desde el que los reyes seguían las celebraciones. Un hombre propuso que se disparara un tiro de artillería para que derribase la estructura de madera que ardía y apagara el fuego de abajo ahogándolo con la tierra de los tabiques. Una mujer, al oirle, exclamó: "Buen tiro tenemos asestado en Nuestra Señora de la Soledad".

Nada más terminar la frase, se desplomó lo que ardía por la parte que se deseaba, cayendo hacia la plaza y no hacia las calles posteriores no provocando así mayores incidentes. El derrumbamiento no apagó sólo la parte inferior como se esperaba, sino que terminó totalmente con el incendio, después de tres días y dejando atrás una docena de muertos y más de cincuenta casas destruidas.

Fue éste el primer milagro de la Virgen de la Soledad, pero no el único, puesto que, al caer las casas, se levantó una nube de polvo y humo tan densa que oscureció el sol y se dirigía hacia el lugar donde se encontraba la Virgen milagrosa "como si los instigadores infernales de la llama pudieran vengarse con esto de la causa de su fuga", dice el cronista. Pero ocurrió que a seis pasos de la imagen se detuvo la polvareda, como si se hubiera levantado una pared invisible, y fue elevándose hasta que desapareció.

También se atribuyó a la Virgen el que los religiosos que cayeron desde las casas no sufrieran daño alguno, pese a que, muchos de ellos fueron a parar en medio de las llamas.

Un poema de Quevedo nos cuenta el incendio y el milagro que terminó con él:

*Al incendio de la Plaza de Madrid
en que se abrasó todo un lado de cuatro*

"Cuando la Providencia es artillero,
no yerra la señal de puntería;
de cuatro lados la centella envía
al que azufre ardiente fue minero.

El teatro, a las fiestas lisonjero,
donde el ocio alojaba su alegría,
cayó, borrando con el humo el día,
y fue el remedio al fuego compañero.

El viento que negaba julio ardiente
a la respiración, le dio a la brasa,
tal, que en diciembre pudo ser valiente.

Brasero es tanta hacienda y tanta casa;
más agua da la vista que la fuente;
logro será, si escarmentado pasa".

La reconstrucción de la plaza comenzó en breve, al ser necesaria como escenario continuamente. Pronto volvieron las grandes celebraciones con la presencia de la corte en pleno.

Toros y cañas en la Plaza Mayor

Eran memorables las fiestas de toros y cañas celebradas en la plaza Mayor aprovechando cualquier acontecimiento y contaban con la asistencia de la corte, presidida por los reyes. Desde los balcones todos presenciaban la fiesta.

Algunos de estos palcos improvisados, han llegado hasta nuestros días rodeados de leyenda. El balcón de

Marizápalos no es el único que trajo quebraderos de cabeza a una reina pues, años más tarde se produjo una escena parecida, cuando el rey Carlos III hizo preparar un balcón para que la marquesa de Esquilache presenciara la fiesta. La reina, al preparar el festejo, había puesto una contraseña en las invitaciones de la corrida para saber quién daba el palco a la de Esquilache.

Aparcció ésta en un balcón situado en la calle Botoneras, al que no conducían escalera ni puerta alguna. La reina, molesta, acudió a las botoneras para saber como había subido la marquesa hasta allí y éstas le contaron que días antes, enviados del rey, habían trabajado en la construcción del palco. Cuando el rey supo que había sido delatado, quiso castigar a las botoneras, pero la reina intercedió por ellas y, finalmente, fueron perdonadas.

En esta plaza, la fiesta siempre continuaba. Antes de tener la Calderona su balcón, estuvo en la plaza, demostrando su habilidad delante de un toro, Villamediana, con aquel lema en el pecho que tanto dio que hablar: son mis amores reales, decía. O aquella otra fiesta de toros y cañas, aún un poco antes, en 1615, cuando se celebraron los matrimonios de doña Ana de Austria y el rey Luís XIII de Francia y de Isabel de Borbón y el príncipe de Asturias. En ella podría empezar nuestra historia de don Rodrigo Calderón.

"Don Rodrigo en la horca"

Los reyes se encontraban ya en el balcón de la casa de Panadería. Para poder comenzar el espectáculo, salieron, como era habitual, las guardias española y tudesca, ésta llevando al frente a don Rodrigo Calderón, que era su capitán, y la española al teniente Fernando Verdugo. No se ponían de acuerdo sobre el lado que tenía que tomar cada uno y don Fernando desafió al capitán.

Se presentó Verdugo al amanecer del día siguiente en el lugar designado para el desafío, pero don Rodrigo había utilizado toda su influencia para evitar el enfrentamiento. Así, se presentó rodeado de fieles y con una orden del duque de Lerma en la que se mandaba prender a don Fernando. La prisión del contendiente durante unos días fue suficiente para que se suspendiera el desafío. Se censuró mucho la actitud de Calderón, incluso, Villamediana escribió unos versos referidos al enfrentamiento:

> "¿Pendencia con Verdugo y en la plaza?
> Mala señal, por cierto, le amenaza".

Sólo unos años después, cuando en el mismo lugar de la afrenta, don Rodrigo subía al cadalso, muchos quisieron ver en los versos del conde una premonición. Incluso don Rodrigo recordaba este día dándole un sentido parecido, pues en prisión, comentó a su confesor que, cuando entraba a caballo en la plaza a la cabeza de su guardia, se le pasó la idea de que algún día podría encontrar la muerte en este lugar.

Pero el final de don Rodrigo se venía gestando desde mucho tiempo antes. Comencemos por el principio.

Había nacido en Flandes, hijo natural del capitán Francisco Calderón y de María Sandelín, una dama alemana de nacimiento, pero de origen español. Viajó a España siendo ya mozo y, como era despierto y agradable, consiguió entrar de paje en casa de don Francisco de

Rojas y Sandoval, marqués de Denia, después duque de Lerma. En tal servicio fue prosperando y Lerma, siendo ya valido de Felipe III, le colocó en el puesto de secretario de estado. Más tarde, y siempre por mediación del duque, consiguió los títulos de conde de Oliva y Marqués de Sieteiglesias.

Esta carrera brillante y rápida hizo que don Rodrigo, creyendo que su buena fortuna duraría siempre, dejase a un lado su modestia de los primeros años y se tornase un ser orgulloso que despreciaba casi todo. Esta postura le creó muchos enemigos. En unos versos atribuidos a Villamediana que circularon por el mentidero se describía esta situación:

"Que venga hoy un triste paje
a alcanzar la señoría
y a tener más en un día
que en mil años su linaje,
bien será, señor, se ataje,
que es grandísima insolencia
que venga a ser excelencia
un bergante, gran locura:
si su majestad lo apura,
tendrás Calderón paciencia".

Otros versos del mismo autor hacen referencia a su codicia:

"Don Rodrigo Calderón
quiso igualarse a su dueño,
siendo grande, él tan pequeño
que apenas se puso el don.

En esto de ser un ladrón
muy bien igualarle pudo,

pues le vio el mundo desnudo
y ya le mira vestido,
con títulos guarnecido,
dosel, corona y escudo".

Pero estas murmuraciones no podían inmutar a don Rodrigo, que era cada vez más poderoso y contaba ya con inmensas riquezas que mostraba con ostentación, lo que hacía que, cada vez más, estuviera presente en los comentarios de la calle.

No contaba el marqués de Sieteiglesias con que una posible caída de su protector, Lerma, le arrastraría a él y que, entonces, no encontraría ninguno de los apoyos con los que contaba hasta entonces.

La intriga contra Lerma y sus fieles estaba en marcha, encabezada por su propio hijo, el duque de Uceda. Se aprovechó la muerte de parto de la reina doña Margarita de Austria para implicar en ella a don Rodrigo. El duque de Lerma, viendo que todo se ponía en su contra, consiguió mover sus influencias en Roma para conseguir el capelo cardenalicio y se retiró a su casa de Valladolid evitando así cualquier causa contra su persona.

Quedaba, pues, el marqués de Sieteiglesias solo frente a una larga lista de acusaciones y, al verse acorralado, corrió a su casa de Valladolid pensando que, lejos de la corte, se olvidaría su nombre más fácilmente. Se dice que escondió en varios conventos de esta ciudad joyas y papeles que pudieran comprometerle y esperó acontecimientos.

El diecinueve de febrero de 1619 fue sorprendido en su casa y hecho preso. Desde Valladolid le condujeron hasta el castillo de Montánchez, luego a Santorcaz y, finalmente, a Madrid, a su propia casa en la calle Ancha de San Bernardo, que le sirvió de prisión.

Se le acusó de todo tipo de delitos, entre ellos el de practicar hechicería para ganar la voluntad del rey e, incluso se le atribuyó la muerte de la reina Margarita. Se encontraron en su casa nóminas, cabellos y punzones, lo que certificaba estas prácticas, ya que se creía que quien llevaba consigo las nóminas, una especie de reliquia en la que se escribían oraciones o palabras extravagantes, se libraba de peligros como el mal de ojo; los cabellos servían para ganar la voluntad de su dueño y los punzones se clavaban en figurillas de cera o trapo que representaban a las personas a las que se quería hacer daño.

Además de estas acusaciones, se le imputaron varias muertes, entre ellas, la de Francisco de Xuara, un pícaro al que don Rodrigo solía encargar los trabajos sucios.

Logró el marqués de Sieteiglesias probar, sin mucha dificultad y por medio de testigos, la falsedad de la mayoría de los cargos, demostrando la malicia de sus enemigos, en especial respecto a la acusación de hechizos y sortilegios.

La justicia que estaba dispuesta a sentenciarle, no aceptó el rechazo de los cargos y le condenó a sufrir tormento de agua, garrote y cordeles. Sufrió el reo este castigo con valentía y siguió negando la mayoría de los cargos, alegando que muchos de los que se le imputaban, habían sido órdenes de Lerma e, incluso del propio rey. Sólo admitió su culpabilidad en la muerte de Francisco de Xuara, a quien mandó asesinar, según confesó, por alcahuete.

Con toda probabilidad, este crimen no habría tenido mucha importancia en otras circunstancias, pero el cambio que se había producido en las influencias políticas, no

era en absoluto favorable a don Rodrigo. Otra circunstan-
cia, vino a agravar su ya delicada situación, la muerte de
Felipe III y la subida al trono de su hijo, Felipe IV. Esta
sucesión supuso la confirmación de los enemigos del
marqués en el poder y el caso de don Rodrigo era para
ellos una baza para causar buena impresión, ya que el
pueblo, muy descontento de Lerma y los que habían sido
sus hombres de confianza, vería en una condena ejemplar
de uno de ellos, un cambio en el rumbo del nuevo
gobierno.

Sabía don Rodrigo que éste era su final y, sólo tres
meses después, llegaron dos sentencias, una civil con
doscientos cuarenta y cuatro cargos, cuya condena era
degradarle de todos los oficios, títulos y órdenes, además
del pago de una cuantiosa cantidad, que no pudo efectuar
por haber sido despojado de todos sus bienes, y otra
criminal por la que debía ser degollado por la garganta.

Aceptó su destino con resignación y, en los meses que
permaneció en la cárcel en espera del cumplimiento de la
sentencia, oía misa diariamente y mantenía largas con-
versaciones con su confesor. En una de estas charlas le
contó aquella anécdota de su premonición en la plaza
Mayor y, en otra ocasión, siempre demostrando gran
afición a las supersticiones, le refirió la historia que le
sucedió una noche en la que, saliendo a escondidas de su
casa, se dirigía a visitar a una dama cuando, en la
oscuridad, le paró un viejo pidiéndole ayuda, pues su
estado era tan malo que, si no encontraba socorro, tendría
que recurrir a vender el pudor de una hija moza y hermosa
que tenía. Vio don Rodrigo un presagio en el encuentro
y entregó al viejo cuanto llevaba, que era mucho por ser
un regalo para la dama a cuya visita, finalmente, renun-

ció, a pesar de llevar largo tiempo esperándola.

Con la suerte echada, aguardaba don Rodrigo en prisión la ejecución de la sentencia. Su familia recurrió a todos los medios a su alcance pidiendo el perdón, pero el suplicatorio fue denegado y el martes 19 de octubre acudió el confesor a su visita con la misión de informar al preso de que sería ejecutado dos días después.

Siempre se ha hecho referencia a que era el martes un día aciago para don Rodrigo pues, tal día salió para Valladolid habiendo caído en desgracia en la corte, también fue martes cuando le prendieron en esta ciudad, cuando le trasladaron a Montánchez, cuando fue llevado a Santorcaz y en su último viaje hasta Madrid. En martes le tomaron declaración, le dieron tormento y le notificaron la sentencia.

Seguía el pueblo de Madrid el proceso con expectación y había variado mucho la opinión sobre don Rodrigo ya que desde su entrada en prisión, se había extendido la noticia de su gran resignación y de su fe. Los mismos que aplaudieron a los que le hicieron prender sentían ahora compasión, aunque sabían que se había enriquecido gracias a su protector y que utilizó sus influencias para lograr beneficio. Comprendían que él había sido el único en pagar los delitos que había cometido junto a otros que, por ser más poderosos, nunca se verían en esa situación.

Pero algunos, como Villamediana, aún estando Calderón preso y no habiéndose probado todos sus delitos seguían considerándole culpable, incluso de la muerte de la reina:

> "Rodrigo en poder estás
> de la muerte a quien mandaste
> todo el tiempo que privaste,

y a los médicos que es más
Si, por dicha, al cielo vas,
poco seguro estaría,
aunque posible sería
que permita Dios que tenga
Dimas en quien se entretenga,
y que le hagas compañía."

Pero la mayoría estaba con Calderón y los rumores de la calle hacían pensar que serían muchos los que se acercaran hasta la plaza Mayor para acompañar al reo, incluso vendría gente de fuera de Madrid, por eso, se resolvió prepararlo todo lo más secretamente posible y los jueces no publicaron su muerte, aunque no se pudo impedir que la noticia se comentara.

Cuando el miércoles a las dos de la tarde se retiraron los puestos de comestibles que abarrotaban la plaza y se levantó el cadalso, todo Madrid sabía a quien estaba destinado.

Se dice que don Rodrigo estaba tan sereno el día de su ejecución, que, al pedir el vestido que tendría que llevar, una especie de sotana negra con una caperuza que caía sobre los hombros, le pareció que el cuello podría dificultar el trabajo al verdugo y la recortó él mismo con la ayuda que le prestó un guardia.

El día 21 de junio a las nueve de la mañana, el alcalde de corte, don Pedro Fernández Mansilla, fue hasta la cárcel con setenta alguaciles a caballo y treinta porteros a pie, y, a las once menos cuarto, entró a la habitación el padre Pedraza diciendo a don Rodrigo que ya le llamaba Dios, a lo que éste respondió: " pues Dios nos llama, vamos aprisa".

La plaza estaba llena, no cabía un alma en balcones, tejados ni calle. La comitiva salió precedida de un pregonero que cada trecho decía:

"Esta es la justicia que manda hacer el rey nuestro señor de este hombre, porque hizo matar a otro hombre, y las demás porque fue condenado, contenidas en su sentencia".

La gente le veía pasar compadeciéndole y, más aún, después de escuchar la sentencia, pues se pensaba que eran tantos los crímenes cometidos que, al saber que sólo se había podido probar uno, comenzaron a creer que la justicia había actuado demasiado severamente. Don Rodrigo al ver que el odio que antes levantaba se había vuelto lástima se volvió hacia el padre Pedrosa y dijo: "Padre, esto no es ir afrentado, sino sirviendo a Nuestro Señor Jesucristo e ir triunfando por Cristo. Todos le iban blasfemando y escupiendo y a mí todos van encomendándome a Dios: rueguen a su Divina Majestad, padres, no quieran pagarme en esta vida el poco trabajo que padezco, con el gozo que siento".

Ya en la plaza, subió el reo al cadalso y, viéndolo sin luto, como se ponía a los caballeros, preguntó la causa, pues él no moría como traidor. Le dijeron que esto se hacía con todos y se conformó. También se cuenta que, pensando que el verdugo trataba de degollarle por la espalda y no por delante como correspondía a su condición, pensando en la honra de su familia, le hizo saber que debía ser por la garganta, contestándole el verdugo que así sería.

Puede pensarse que esta observación del marqués en el momento de su ejecución, sea el motivo de la tan conocida frase: "más orgullo que don Rodrigo en la horca". Aunque no parecía orgulloso, sino más bien humilde por su reacción ante el apoyo del pueblo y tampoco murió en la horca sino degollado. Puede que el origen sea una transformación de otro refrán que se decía anteriormente: "tiene más fantasía que Rodrigo en la horca" y que, dada la coincidencia en los nombres y la muerte por ejecución, se hiciera una pequeña variación acomodando el antiguo dicho.

Fueron muchos los poetas de la época que escribieron epitafios a Rodrigo Calderón alabando sus últimos momentos y su gran valentía en el momento de la muerte, aunque otros como Villamediana, siguieron juzgándole más por su vida que por su muerte:

> "Aquí yace Calderón,
> pasajero, el paso ten;
> que en hurtar y morir bien
> se parece al buen ladrón"

De los primeros, aquellos que compadecieron a don Rodrigo en sus últimos momentos, es el de Lope el que mejor resume el sentir general:

> "Por los vltimos pasos de la vida
> vino a la muerte vn hombre
> que solo aqueste nombre
> le dexo su caida
> pues lo que fue en naçiendo
> publica voz le declaro muriendo.
> Ya fue señor el hombre ya de alguno
> tenido y respetado
> mas en tan baxo estado
> no ay titulo ninguno
> que solo el de hombre queda

en que morir y conoçer se pueda
El mundo de su muerte deseoso
quisiera ya su bida
ansi piadoso oluida
lo que pidio quexoso
porque en tales castigos
se suelen desdeçir los enemigos.

Suele el vulgo llorar de lo que gusta
efectos desiguales
pero en suçesos tales
es cosa santa y justa
executar las Leyes
y mas en prinçipios de los Reyes.

Por donde entro seuero y coronado
de plumas y alauardas
con mas de viles guardas
entro mas bien mirado
que en lanças de justiçia
mexoro de vaston y de miliçia.

Tanto subio que de lugares faito
vino a un teatro infame
si es bien que asi se llame".

Y todo esto ocurrió en esta plaza, la misma que, no hace mucho, revivió con colores nuevos, que ha cambiado tanto como los propios madrileños, que se sigue vistiendo cada año para todo tipo de cebraciones y que sigue esperando cada noche en silencio, las voces que la llenarán con la llegada del día.

EL RASTRO

La Ribera de Curtidores está el domingo inundada de
gente. Una marea humana sube y baja y, de vez en
cuando, alguien para delante de un puesto y los que
vienen detrás luchan por sortear el nuevo obstáculo.
Unos se acercan hasta allí para buscar gangas, otros para
comprobar el famoso movimiento del Rastro en las
mañanas festivas.

Una pareja lleva a su hijo a comprar un mineral que
aumentará su colección. Los interesados en los libros
ojean entre los puestos buscando que alguno de los
títulos, que llevan en la cabeza, se encuentre en buen
estado y a un precio razonable. Otros revuelven el último
rincón a la caza de ese ejemplar único que tiene que estar
en alguna parte esperándoles. Un coleccionista se agacha
sobre las mantas extendidas en el suelo rebuscando entre
hierros viejos y cajas rotas alguna "joya" que pueda
haber llegado hasta allí casi por equivocación. Se levanta desilusionado sin encontrar nada que valga la pena, no
ha tenido tanta suerte como el protagonista de una leyenda que, sin querer, se llevó de este curioso mercadillo
algo que cambió su vida.

Las parrillas de San Lorenzo

Paseaba un hombre por el Rastro sin buscar nada concreto, cuando vio que uno de los vendedores tenía unas parrillas enormes. Se acercó pensando en una utilidad para tal artilugio, intentó ajustarlas creyendo que eran de hierro, pues su peso era muy grande y estaban renegridas. El vendedor no recordaba su procedencia y, ni siquiera, podía confirmarle su material. El comprador, no muy decidido se llevó por fin las parrillas dejándolas arrinconadas en su casa, pensando, quizás, que su decisión de quedárselas, no había sido acertada.

Un día, aprovechando un rato libre, se dispuso a limpiarlas, descubriendo bajo la suciedad un metal blanco y primorosamente trabajado. Empezó a sospechar que su compra no había sido mala, sino todo lo contrario, pues cada vez estaba más seguro de que las parrillas no eran de hierro sino de plata. Para confirmar este punto, llevó las parrillas al taller de un platero que, comprobando que eran de plata, quiso comprarlas. Pero no estaba dispuesto su dueño a prescindir de ellas tan fácilmente; pensaba el caballero, que la fortuna que las había hecho llegar hasta él, sólo se presenta una vez en la vida, y no en todas las vidas, y no iba él a dejar pasar su oportunidad, sólo se desprendería de su compra por una cantidad justa.

Así, fue hasta la casa de la moneda donde, una vez pesadas, le abonaron su valor, que no fue poco. Con el dinero, montó el afortunado caballero su primer negocio y, a partir de ahí, fue multiplicando su hacienda hasta conseguir una posición muy desahogada.

Pero cuenta la leyenda algo más sobre las parrillas. Se dice, que eran las que mandaron construir los monjes

Jerónimos del monasterio del Escorial, para que las llevara en la mano, como símbolo de su cruel martirio, una imagen de San Lorenzo de plata en las procesiones.

Los franceses, al llegar a España, se quedaron con las parrillas que debieron quedar ocultas en algún lugar, ennegreciéndose por el paso del tiempo, sin que nadie se acordara más de ellas.

Mucho más tétrica es otra leyenda que se cuenta de este mercadillo y que ocurrió hace ya dos siglos.

La calle de la Cabeza

Un altivo caballero extranjero compró en uno de esos puestos que, por entonces, ofrecían todo tipo de mercancías comestibles, una cabeza de carnero. Después de que el solícito vendedor le envolvió cuidadosamente la compra, nuestro protagonista guardó el paquete bajo su capa y siguió su camino sin apreciar que dejaba tras su paso un rastro de sangre. Un alguacil que merodeaba por los alrededores, viendo el desagradable reguero que iba dejando el caballero, le interpeló y le preguntó sobre el contenido del paquete. Confiadamente le explicó de lo que se trataba, sin embargo, cuando destapó el bulto empalideció de terror, al tiempo que los curiosos gritaban de espanto al ver que en vez de una cabeza de carnero se trataba de la cabeza de un hombre.

El caballero, que no podía salir de su asombro, intentaba buscar una explicación a lo ocurrido. Finalmente, desistió comprendiendo que era algo sobrenatural y confesó, ante el estupor general, un horrible crimen, del que bien poco valió su arrepentimiento, pues unos meses después fue condenado a muerte y ejecutado en la Plaza Mayor. Su confesión recorrió Madrid de boca en boca, y pronto todos conocieron la sangrienta historia.

Años atrás, aquel supuesto caballero prestaba sus servicios como criado a un sacerdote que tenía fama de avaro y malhumorado. Era el mozo muy aficionado a las tascas y andaba siempre falto de dinero. Un buen día, mientras su señor se hallaba fuera de la casa, comenzó a registrar todos los rincones de ésta intentando encontrar el codiciado dinero del que tanto había oído hablar, pero, de repente, cuando intentaba forzar una arqueta que pemanecía cerrada a cal y canto, el sacerdote volvió de su paseo y le sorprendió. El criado, según su propio testimonio, viéndose en esta situación desesperada asesinó al sacerdote, decapitándole y huyendo al instante del lugar del crimen.

Escapó a otra ciudad sin que la justicia pudiera dar con él. Después de dejar pasar un tiempo para que los hechos cayeran en el olvido, volvió a Madrid ataviado como un caballero y como tal vivió ocultando el origen de su fortuna, hasta aquella mañana en que fue arrestado por tan insólito suceso.

Este asunto fue tan famoso que, en la fachada de la casa donde vivía el sacerdote, se colocó una cabeza de piedra, y a la calle se le denominó de la Cabeza. A partir de este hecho, dice la tradición, que los espendedores de carne de carnero se trasladaron hasta la vecina calle que se encuentra entre la Ribera de Curtidores y la Arganzuela y que hoy se denomina del Carnero, para vencer la repugnancia que les causaba a los compradores el recuerdo de tán trágico hecho.

LAS CALLES CON LEYENDA

La calle del Azotado

Hernán Carnicero fue condenado, por perseguir a su vecina Mari Gonzálvez, a una sentencia que, si la miramos desde nuestros días, resulta, cuanto menos, curiosa. Consistía el castigo en ser flagelado públicamente mientras recorría, a lomos de un pollino, las calles de la ciudad. El condenado aguantaba bien los azotes, afectándole mucho más el hecho de pasar en esta situación por delante de su propia casa.

Finalizado el castigo, no se atrevía a volver, pensando en las bromas y la humillación que tendría que soportar. Decidió vender la casa y marchar a una hospital donde podría pasar un tiempo tranquilo mientras terminaban de curar las heridas de su espalda. Pero no se presentaron las cosas tan favorablemente como Hernán pensaba ya que el vecindario había bautizado su casa como la del azotado y, con este sambenito, no había quien quisiera alquilarla y, menos aún, comprarla.

El hombre, desesperado, decidió terminar con su pesadilla prendiendo fuego a la casa y, una noche, cuando todo el mundo dormía, la casa del azotado se cubrió de llamas ante el asombro de todos los vecinos que salían a medio vestir, corriendo en busca de agua para sofocar el incendio. Con mucho esfuerzo, consiguieron su objetivo, pero demasiado tarde, pues las llamas habían reducido a cenizas la casa de Hernán y unas cuantas más. No se sabe si el culpable fue apresado, pero si la justicia dio con él, se puede suponer que el castigo fue esta vez mucho mayor.

Cuando se reconstruyó la zona, se llamó a la calle la del Azotado, y, por allí, se hacía pasar a los condenados a esta pena que salían de la cárcel de la Villa.

En la actualidad, se llama calle del Cordón, al menos una de las calles del Azotado, pues, curiosamente, en el plano de Espinosa de 1769, aparecen dos calles con este nombre. La segunda es la que hoy conocemos como Grafal.

La plaza del Cordón

También "el Cordón", pero esta vez, la plaza, debe su nombre a una de las casas que se levantaban en ella. Hay dos versiones sobre el origen. Unos dicen que el dueño del caserón era el conde de Puñonrostro quien había hecho esculpir un grueso cordón de piedra bordeando la fachada. Se dice que fue ésta la casa que sirvió como prisión a Antonio Pérez, secretario de Felipe II, que estuvo encarcelado aquí hasta que se evadió por un pasadizo que comunicaba con la iglesia de San Justo, que se encontraba donde hoy está la parroquia de San Miguel.

Según otros, el dueño de la casa era don Juan Delgado

y fue él quien mandó tallar un cordón en la madera de la
puerta, en recuerdo del que llevaba el morrión que perdió
en la batalla de Almansa, en un enfrentamiento cuerpo a
cuerpo con un jefe enemigo.

La calle del Bonetillo

Otra casa cuya leyenda dio nombre a una calle, se
encuentra al otro lado de la calle Mayor. Es la del
Bonetillo que, aún hoy, conserva este extraño nombre.

En tiempos de Felipe II, vivía aquí don Juan Henríquez,
un beneficiado de la iglesia de Santa Cruz, más aficionado al juego y a las mujeres que a los rezos. Sus salidas
nocturnas y regresos en la madrugada eran comentados
por todo el vecindario. Se decía que estaba muy relacio-
nado con Carlos de Austria, el hijo del rey, a quien al
parecer azuzaba continuamente contra su padre. El cardenal, preocupado por esta mala influencia, intentó apar-
tar a don Juan del príncipe, pero era el beneficiado un
hombre inteligente y sorteaba sin dificultad los impedi-
mentos que ponían a su paso.

Una noche, al volver don Juan a su casa, divisó a lo
lejos un grupo de hombres que caminaban ordenados y en
silencio, como en procesión, portando antorchas para
iluminar sus pasos y entonando cánticos lúgubres. Com-
prendió que se trataba de un entierro que se dirigía desde
la casa del difunto hasta la iglesia de Santa Cruz y, al
pertenecer él a dicha parroquia, se acercó por ver si
conocía al que iba a ser enterrado. Le sorprendió que,
sobre el ataúd, hubiera un cáliz y un bonete tan parecido
al suyo y la sorpresa se convirtió en susto cuando, al

preguntar el nombre del muerto, un miembro de la comitiva le contestó: "Llevamos a don Juan Henríquez, el clérigo". Sin comprender lo que pasaba, se acercó a otros por si el primero había confundido el nombre, pero obtuvo siempre la misma respuesta.

Corrió a su casa confundido y cada vez más asustado. A su llegada, la puerta estaba abierta y entró en busca de su criado pensando que quizás él podría darle una explicación, pero la casa estaba vacía, aunque en la habitación principal encontró la respuesta que no deseaba. Una mesa tapada con un paño negro y cuatro candelabros aún encendidos a su alrededor. Salió a la calle aterrorizado, cada vez más convencido de que era su cadáver el que iba en el ataúd. Reconociendo a un vecino, le preguntó qué había pasado allí esa noche, a lo que el hombre contestó que no hacía ni una hora que habían sacado al dueño de la casa muerto.

No se sabe bien como terminó la noche don Juan, lo que sí conocemos es como pasó los siguientes años, pues parece ser que fue hecho preso por varios delitos anteriores a la famosa noche. Terminaron así las andanzas de don Juan Henríquez, el clérigo, pues, al salir de prisión, su vida cambió radicalmente, cosa bastante normal en un hombre que ha visto su propio entierro. Algunos dicen que no hubo nada de sobrenatural en el suceso, pues, según ellos, todo fue un montaje del cardenal para dar una lección al clérigo, pero eso nunca llegaremos a saberlo.

Los vecinos colocaron en el tejado de la casa el bonete teñido de rojo clavado en un palo y, así, llegó a conocerse como la casa del Bonete colorado que, finalmente, fue derribada, pues, con la leyenda que arrastraba, nadie quiso habitar en ella.

La calle de Abada

Ocurrió también en tiempos de Felipe II, un suceso que hoy seguimos recordando por el nombre de una pequeña calle.

Recibió el rey del gobernador de Java, un original regalo que quiso don Felipe compartir con sus súbditos de Madrid. Se trataba de un elefante de enormes dimensiones y de un rinoceronte hembra, también llamado abada. Ésta, fue expuesta en la calle que hoy lleva este nombre, dentro de una jaula, para que todos pudieran contemplarla.

Otra leyenda que se recuerda en las crónicas, habla de otra abada, o, tal vez, se trate de otra versión sobre la aventura en Madrid del mismo animal, aunque, tradicionalmente, se sitúa en una época posterior.

En las eras pertenecientes al Priorato de San Martín, aprovechando el espacio abierto, se asentaron cierto día unos cazadores portugueses que levantaron una tienda donde mostraban a todo el que pagaba dos maravedíes, una abada, al tiempo que amenizaban el espectáculo tocando la dulzaina y el tamboril. Eran muchos los que se acercaban hasta el improvisado circo para ver el curioso animal y, algunos, sin comprender el peligro, le lanzaban todo tipo de objetos, sin que los portugueses pudieran evitarlo.

Un mozo que trabajaba en el horno de la Mata, acudía cada día para dar al animal un par de bollos recién sacados del fuego. Una mañana se acercó el joven en compañía de otros muchachos hasta la abada y, en vez de los sabrosos panes de todos los días, dio a la fiera una brasa que ésta, confiada, se tragó enseguida. No tuvo tiempo el joven de disfrutar de su broma, porque el animal abandonó su calma habitual y, embravecido, embistió contra él no pudiendo los que allí se encontraban librarle de sus dientes.

Se dice que fray Pedro de Guevara, prior de San Martín y dueño de los terrenos, mandó que los portugueses salieran de su jurisdicción y que éstos, al procurar partir lo antes posible para evitar más problemas, dejaron escapar en un descuido a la temida abada.

Con el animal suelto por las calles, la ciudad sufrió un verdadero caos. Se dice, que unas beatas contaban entre lágrimas, que habían presenciado una veintena de ataques de la bestia, que había dejado a su paso otros tantos muertos. Se formaron grupos que recorrían las calles durante la noche en busca del animal. Cuenta Quevedo que alguien creyó ver al animal en el postigo de San Martín y corrió a dar la alarma. Rápido se formó un grupo armado de voluntarios que se acercó hasta el lugar indicado en silencio. En la oscuridad vieron el bulto, lo rodearon y saltaron sobre él, pero pronto descubrieron su confusión pues no era la famosa abada sino un carro cargado de lana.

Al final fueron sus dueños, los portugueses, los que cazaron al animal a las afueras de Madrid. Una de estas dos abadas da nombre a la calle que conocemos.

Calle del Acuerdo

No se trata de ningún gran acuerdo entre gobiernos que ocupe una página en la historia, es sólo una piadosa leyenda que se remonta a los tiempos de Felipe IV, cuando el rey mandó fundar un convento en el lugar que ocupaban las eras de Amaniel: el de las Comendadoras de Santiago.

Pero la leyenda comenzó lejos de la corte, en un pueblo escondido en las montañas cántabras. Vivía allí una joven que cuidaba con devoción una talla de un Niño Jesús que guardaba en una capillita en la puerta de su casa. Un día llegó hasta la aldea un peregrino que viajaba a Santiago de Compostela y se acercó hasta la casa pidiendo limosna para continuar su camino, pues era conocido que la joven siempre ayudaba a todo el que lo necesitaba.

Ella le ofreció comida y hospedaje, pero el peregrino no quiso demorar su partida y sólo aceptó el alimento. Le contó la joven que quería ser religiosa y él le recomendó que saliera hacia Madrid a un convento que estaban fundando donde sería bien recibida, prosiguiendo su viaje después de rezar ante el Niño.

La joven tomó camino hacia la corte llevando la talla del Niño entre sus brazos como único equipaje. Recorrió el largo camino encontrando siempre a alguien que la socorriera y dando gracias a la imagen cada vez que esto ocurría.

Al llegar a Madrid, se dejó llevar por una intuición y fue a parar a la puerta de la casa de la impresora Quiñones, quien le ofreció alojamiento hasta el día siguiente en que la llevaría al convento.

Se dirigieron muy temprano hacia las Comendadoras y al llegar a la portería vio la joven un retrato de Santiago vestido de peregrino y exclamó: "Este es el peregrino que me mandó hasta aquí, sí, yo me acuerdo, fue él". Y este es el "acuerdo" que da nombre a esta calle. La talla del niño, conocida como el "Niño montañés", se sigue venerando con devoción en el convento.

Menos poética es la otra versión sobre el origen del nombre. Se refiere también a la fundación del convento, cuando el presidente del Consejo de Castilla y el prior de Uclés presentaron dos criterios diferentes sobre las monjas que lo ocuparían y tuvieron que llegar a un acuerdo que se firmó en la imprenta de Quiñones, y que favoreció a las religiosas de Santa Cruz de Valladolid.

Calle de Válgame Dios

Se cuenta que una noche, llegaron hasta la portería del convento de San Francisco, dos hombres pidiendo que les acompañara un sacerdote para auxiliar a un moribundo. Un religioso salió con ellos acompañado de un lego que, no fiándose de los dos hombres que querían impedir a toda costa que les acompañara, tomó una espada de uno de los cadáveres sepultados en la bóveda y la escondió bajo sus ropas.

Caminaban por lugares alejados cuando, ya en las afueras de la Villa, se volvieron los hombres y, con movimientos rápidos, apresaron a los religiosos, vendando los ojos del sacerdote. El lego tuvo tiempo de sacar su espada y luchó con uno de los agresores al que consiguió herir, pero mientras peleaban, el otro se llevó al anciano sacerdote sin que su acompañante pudiera ver hacia donde. Corrió en su búsqueda sin encontrarle, pues había sido llevado hasta un barracón donde se le pidió que confesara a una mujer que iba a morir asesinada por ellos y que bautizara a su hijo que iba a correr la misma suerte.

Sin comprender lo que pasaba, pero entendiendo que él no podría evitar el crimen, cumplió la orden el sacerdote que luego fue devuelto al camino de su convento.

El lego continuaba la búsqueda cuando, a orillas del barranco, oyó una voz de mujer que decía: "¡Válgame Dios!". Bajó presuroso, a tiempo para detener el brazo del hombre que iba a clavar su cuchillo en el pecho de la joven y salvó así a la madre y al hijo.

De vuelta al convento, le contó la joven la complicada historia. Esos hombres eran sus amantes, y el niño el fruto de su deslealtad, por eso iban a asesinarles. Las autoridades, enteradas del suceso, pusieron al lugar el nombre de barranco de Válgame Dios.

Calle Divino Pastor

Esquina a Fuencarral, en la casa donde sucedió el famoso crimen de doña Luciana Borcino a principios de siglo, comienza la calle Divino Pastor.

El nombre de esta calle nos recuerda la espléndida finca que el ministro de Felipe III, don Luis Carrillo, tenía en este terreno y que desapareció años más tarde a causa de un incendio, parece ser, provocado por sus enemigos políticos. Esta quinta estaba rodeada de jardines, huertas y fuentes y en ella se hallaba una pintura de Jesús. Representaba ésta la figura de un pastor llevando sobre sus hombros a una oveja y se mantenía alumbrada en la noche por dos faroles, por lo que pronto fue conocida por la quinta del Divino Pastor.

Estas luces sirvieron de guía a una joven dama, protagonista de nuestra leyenda.

Una noche de invierno, una joven se había citado, a escondidas de la mirada de su padre, cerca de este lugar con un joven lisonjero que le había prometido su amor, pero su amante no se había presentado y vagaba desconcertada por las inmediaciones.

Era la primera vez que había desobedecido a su padre y ahora se daba cuenta de la triste situación en que se encontraba. Se sentía aturdida y engañada pero, sobre todo, sentía una gran pena por haber defraudado las esperanzas de su padre.

Recorría las calles sin saber qué camino tomar, su vida deambulaba en las tinieblas y el único destino que creía percibir era el de la más terrible oscuridad: el suicidio.

Ya había decidido quitarse la vida cuando oyó el ruido del fluir del agua de una noria regando una huerta y hacia allí se dirigió con intención de tirarse al pozo.

Su padre, mientras tanto, al darse cuenta de la desaparición de su hija, corrió a buscarla por los alrededores, pero no consiguió dar con ella. Desesperado y pensando en las desgracias que podían haberle sucedido, fue hasta el convento de la Encarnación y suplico ayuda a la priora, sor Jesús María de San José. Ésta le tranquilizó y le dijo que no se preocupara, que su hija, de corazón noble, se encontraría en la senda del Divino Pastor.

Efectivamente así fue, pues cuando la joven dama se acercó hacia donde se había escuchado el ruido del agua, se encontró con la imagen del Divino Pastor alumbrada por las dos luces lo que le hizo desistir de aquel fatal intento.

Postrada ante la imagen la encontraron los miembros de la Santa Hermandad y la devolvieron a su casa donde su padre la esperaba, confiando en las santas palabras que le habían dado.

Calle del Lazo

Entre la calle del Espejo y de la Unión asoma una pequeña calle, la del Lazo, que, en cambio, es grande en historias legendarias.

Cuentan que recibió este nombre en un tiempo en el que apareció, en el arroyo de San Ginés, un gran lagarto. Los vecinos estaban atemorizados ante la bestia que se había criado en esas aguas y decidieron su caza. Se pusieron de acuerdo y una mañana le tendieron una trampa y le pusieron un lazo, que dio fin a sus correrías por el arrabal.

Otra leyenda nos lleva hasta el siglo XIII, al reinado de Alfonso X. Este rey, enamorado de una gran señora llamada María Dalanda que vivía en aquel lugar, le regaló, en una ocasión, un bello lazo de oro para que lo luciera como prenda de su amor. La dama, aunque tenía gran afecto al monarca, no compartía sus sentimientos más allá de la amistad, y era otro caballero el que gozaba de sus favores.

Alfonso X, temiéndose que doña María tenía otro amante, la hizo vigilar y, una noche, un joven fue muerto por tal causa. Dicen que en sus ropas llevaba prendido aquel lazo real, signo delator de la infidelidad de doña María Dalanda.

BIBLIOGRAFÍA

BIBLIOGRAFÍA

AZORÍN, Francisco: *Leyendas y anécdotas del Viejo Madrid*. Ed. El Avapiés Madrid, 1983.

BRAVO MORATA, Federico: *Los nombres de las calles de Madrid I y II*. Ed. Fenicia. Madrid, 1970.

BORRÁS, Tomás: *Historillas de Madrid y cosas en su punto*. Ed. Aguilar. Madrid, 1968.

BORRÁS, Tomás: *Leyendas, tradiciones, ensoñamientos y trucos de Madrid*. Vassallo de Mumbert. Madrid, 1973.

CAPMANI Y MONTPALAU, Antonio: *Origen histórico y etimológico de las calles de Madrid*. Imprenta de Manuel B. de Quirós. Madrid, 1863.

CARRERE, Emilio: *Madrid en los versos y en la prosa de Carrere*. Ayuntamiento de Madrid. Madrid, 1948.

CORRAL, José del: *Los misterios de Madrid en el Siglo de Oro*. Ed. El Avapiés. Madrid, 1990.

DELEITO Y PIÑUELA, José: *El rey se divierte (Recuerdos de hace tres siglos)*. Espasa-Calpe. Madrid, 1935.

DELEITO Y PIÑUELA, José: *También se divierte el pueblo (Recuerdos de hace tres siglos)*. Espasa-Calpe. Madrid, 1954.

EZQUERRA DEL BAYO, Joaquín: *La duquesa de Alba y Goya*. Madrid, 1928.

FERNÁNDEZ DE LOS RÍOS, A.: *Guía de Madrid Ilustración española y americana*. Madrid, 1876.

FERNÁNDEZ VILLA, Fray Domingo: *Santa María de la Almudena, patrona de Madrid*. Ed. Everest. Madrid, 1993.

GARCÍA CORTÉS, Mariano: *Historia de siete chimeneas y una casa*. Madrid, 1948.

GARCÍA GUTIÉRREZ Y MARTÍNEZ CARBAJO, A.: *Iglesias de Madrid*. Editorial El Avapiés, Madrid, 1993.

GARCÍA RODRIGO, Francisco Javier: *El Caballero de Gracia*. Asoc. de católicos de Madrid. Madrid, 1880.

GONZÁLEZ DÁVILA, Gil: *Teatro de las grandezas de la Villa de Madrid*. Madrid, 1623.

GONZÁLEZ RUIZ, Nicolás: La Caramba. *Vida alegre y muerte ejemplar de una tonadillera del siglo XVIII*. Colec. like, ed. Morata. Madrid, 1944.

GUTIÉRREZ SOLANA, José: *Madrid, escenas y costumbres*. Comunidad de Madrid. Madrid, 1984.

HERRERO, Simón: *Cuatro romances sobre don Rodrigo Calderón*. Viuda de Juan Martín. Códoba, 1641.

HURTADO, Antonio: *Colección de leyendas de los siglos XVI y XVII*. Establecimiento tipográfico de Luis Jayme. Madrid, 1870.

MESONERO ROMANOS, Ramón de: *El antiguo Madrid. Paseos histórico-anecdóticos por las calles y casas de esta Villa*. Establecimiento tipográfico de Don F. de P. Mellado. Madrid, 1861.

MESONERO ROMANOS, Ramón de: *Memorias de un setentón*. Ed. Tebas. Madrid, 1975.

MONREAL, Julio: *Cuadros viejos Ilustración española y*

americana. Madrid, 1878.

MONTERO ALONSO, José: *Sucedió en Palacio.* Ed. Prensa española. Madrid, 1973.

MONTERO ALONSO, José: *Amores y amoríos en Madrid.* Ed. El Avapiés. Madrid, 1984.

NOTICIAS: *Noticias de Madrid. 1621-1627.* Edición de Ángel González Palencia. Ayuntamiento de Madrid, 1942.

OCAMPO, Manuel de: *Oración lamentable a la muerte de Don Rodrigo Calderón, que fue degollado en la plaza Mayor de Madrid a 21 de octubre de 1621.* Madrid, 1621.

OLMO, José del: *Relación Histórica del Auto General de Fe, que se celebró en Madrid el año de 1680.* Imprenta de Cano. Madrid, 1820.

OÑA, Tomás de: *Fenix de los ingenios, que renace de las plausibles cenizas del certamen, que se dedicó a la venerabilissima imagen de N. S. de la Soledad, en la celebre translación a su sumptuosa capilla, con un epitome de su sagrada historia.* Diego Díaz de la Carrera. Madrid, 1664.

PEÑASCO, H. y CAMBRONERO, C.: *Las calles de Madrid.* Madrid, 1889.

QUEVEDO, Francisco de: *Obra poética.* Ed. Castalia. Madrid, 1969.

QUINTANA, Jerónimo de: *Historia de la antigüedad, nobleza y grandeza de la Villa de Madrid.* Madrid, 1629.

RELACIÓN: *Relación verdadera del lastimoso caso y incendio, que ha sucedido en la Plaça Mayor de la Villa de Madrid a siete días del mes de julio deste presente año de 1631.* Alcalá de Henares, 1631.

Répide, Pedro de: *El Madrid de los abuelos*. Pérez Villavicencio. Madrid, 1908.

Répide, Pedro de: *La Villa de las siete estrellas*. Ed. Mundo latino. Madrid, 1923.

Répide, Pedro de: *Las calles de Madrid*. Ed. Afrodisio Aguado. Madrid. 1921-1925.

Rodríguez-Moñino, Antonio: *Cancionero del marqués de Sieteiglesias en EL Criticón*. Badajoz, 1935.

Rosales, Luis: *Pasión y muerte del Conde de Villamediana*. Ed. Gredos. Madrid, 1969.

Sáinz de Robles, Federico Carlos: *Caprichos, fantasmas y otras anomalías*. Ed. Cunillera. Madrid, 1972.

Sáinz de Robles, Federico Carlos: *Madrid, autor teatral y cuentista*. Ed. Cunillera. Madrid, 1973.

Sáinz de Robles, Federico Carlos: *Madrid y sus fantasmas*. Ed. Magisterio español. Madrid, 1975.

Sepúlveda, Enrique: *El Madrid de los recuerdos*. Revista de Navegación y comercio. Madrid, 1897.

Sepúlveda, Ricardo: *Madrid viejo*. Librería de Fernando Fé. Madrid, 1888.

Sopuerta, Francisco de Paula: *Relación histórica del ilustre y milagroso origen de la copia más sagrada de María Santísima en su triste Soledad*. Imprenta de Blas de Villanueva. Madrid, 1719.

Subirá, José: *El gremio de representantes españoles y la cofradía de Nuestra Señora de la Novena*. Inst. de Estudios Madrileños, C.S.I.C. Madrid, 1960.

Tormo, Elías: *Las iglesias del antiguo Madrid*. Instituto de España. Madrid, 1979.

Tudela, Mariano: *Luis Candelas. Un bandido y su leyenda*. Ed. Hathor Madrid, 1987.

Velasco Zazo, Antonio: *Lo que todos oyen*. Sucesor de

R. Velasco. Madrid, 1926.

VELASCO ZAZO, Antonio: *Recintos sagrados de Madrid.* Ayuntamiento de Madrid. Madrid, 1951.

VV.AA.: *Los planos de Madrid y su época 1622-1992.* Museo de la Ciudad y Ayuntamiento de Madrid. Área de viviendas, obras e infraestructuras. Madrid, 1992.

VV.AA.: *La Almudena y Madrid.* Fundación Villa y Corte. Madrid, 1993.